横向组织

专业服务公司的组织创新实践

庄 华　魏浩征◎著

中国出版集团　东方出版中心

图书在版编目（CIP）数据

横向组织：专业服务公司的组织创新实践 / 魏浩征，庄华著. － 上海：东方出版中心，2023.9
ISBN 978-7-5473-2258-1

Ⅰ.①横… Ⅱ.①魏… ②庄… Ⅲ.①人才选拔－商业服务－企业管理－研究－中国 Ⅳ.①F726.9

中国国家版本馆CIP数据核字(2023)第151001号

横向组织：专业服务公司的组织创新实践

著　者　庄　华　魏浩征
出版统筹　刘佩英
责任编辑　周心怡　徐建梅
特约编辑　梁晓雅　吕颜冰
装帧设计　青研工作室

出 版 人　陈义望
出版发行　东方出版中心
地　　址　上海市仙霞路345号
邮政编码　200336
电　　话　021-62417400
印 刷 者　上海盛通时代印刷有限公司

开　　本　710mm×1000mm　1/16
印　　张　12.5
字　　数　108千字
版　　次　2023年9月第1版
印　　次　2023年9月第1次印刷
定　　价　59.80元

序一　企业发展凭借的不仅是业务能力，更重要的是组织力

大部分人衡量企业成功的标准可能是营收，是企业的业务赚钱能力。CGL（上海德筑企业管理有限公司）创业五年多，从最初的6人创始团队成长到今天700多人的集团公司，年营收超5亿元，在90%以上都是中小微规模企业的猎头行业，CGL已经是一家规模比较大的公司了。

CGL的发展得益于我们的战略和组织创新。一方面我们很幸运地踩准了中国经济发展的节点，全力服务于中国的创新创业和转型期客户，另一方面我们能持续保持增长的活力，离不开CGL强大的组织力。

中国民营企业的平均寿命是2.5年。创业公司要想活下去，需要天时地利人和。如果说战略是天时地利，那么组织力就是人和。人和不是与生俱来的，也不是一成不变的。一个人和的企业，对内能高效聚合资源，对外能不断适应环境的变化，即企业的组织力。CGL最棒的产品，就是过去五年我们不断探索和沉淀下来的组织力。

CGL组织力的建设包括三个关键要素：

1. 组织机制

CGL的管理哲学是基于人性洞察的简单管理，没有复杂的流程机制、层级制度。CGL内部有个"1126原则"[①]，所有人在这个简单规则下自行商议，开展合作。这种建立在信任基础上的放权，为组织持续带来活力和创新。

随着CGL进入第二个五年发展阶段，我们也在探索新的机制规则，包括CGL运营委员会、组织发展委员会等的组建，让每个人都有被看见的机会，共创共建，用最简单的机制，激发最大的活力。

2. 人才队伍

CGL创业五年多以来人员不断增多，但我们的人才队伍核心从未变化，那就是"资深合伙人+年轻强执行力顾问"的团队配置。这样的团队配置为客户带来了高效、高质量的专业交付服务，同时也为年轻人的成长提供了加速器。

过去五年，我们吸引了许多业内资深顾问以及跨界人才的加入，CGL内部也有一批年轻人成长了起来，甚至晋升到合伙人行列。CGL人才队伍成熟的胜任力、领导力，以及人才队伍的梯队建设，是我们持

---

① 指猎头项目的分配比例，10%、10%、20%、60%。详见第三章介绍。

续打大仗、打胜仗的基石。

3. 组织文化

"专业专注，合作分享"是CGL最重要的文化基因之一。我们做的是和人相关的生意，所以非常重视人与人之间的关系和链接。这种突破团队、突破地域限制的合作分享文化，在组织内部自下而上涌现了许多新思路、新方法。

合作分享不仅是文化，也是CGL的业务方式之一。2022年，CGL通过内部合作分享带来的业绩在总营收中占比46%。CGL所有新业务的成长不是通过"赛马"机制跑出来的，而是通过不同团队之间的合作，让资源流动起来，助力每个业务板块更好地落地和增长。

合作分享创造了绩效，也创造了更适合CGL的组织形态。CGL自组织正是在这样的文化氛围下萌芽和成长起来的。机体越大，熵增越大。实践证明，自组织的内生活力可能是对抗熵增的有效手段。CGL自组织强大的活力带来了创新和增长，第二个五年，CGL要做一家专注于"人才搜寻＋组织咨询"的集团公司，我们需要更多的开放和合作，在这个过程中，CGL自组织将发挥更大效用。

组织力建设是一项长期系统性的工程，企业的组织力越强、越有活力，就越能对抗增长过程中遇到的各种问题。CGL的组织力来源于人，从阵法、兵法到心法成就了CGL；反过来也作用于人，让很多年轻人在

CGL实现了快乐成长、快速成功的梦想。

感谢塞氏中国研究院及劳达咨询集团创始人魏浩征先生对CGL组织体系的深入研究和解构，让我们有机会通过第三方视角更好地复盘CGL过去五年的发展。同时，我们也衷心希望CGL在自组织上的探索和实践，能为更多中国企业带来一些有价值的思考和借鉴。作为专注于人才与组织咨询的专业服务公司，CGL的组织实践也让我们更有信心和底气去服务好我们的客户，陪伴更多中国企业成长。

庄 华

德筑集团（CGL Group）创始人兼首席执行官

与CGL创始人庄华先生单独交流过很多次，每次都有不少收获。他不时"哈哈哈"的魔性大笑会让你顿时消除距离感，立刻喜欢上这位具有37年行业经验的资深高端猎头专家，他也是中国人力资源行业最具影响力的人物之一。大方、爽朗、坦率、大格局、睿智，是我对他的第一印象。

印象最深的一次讨论，是关于CGL的使命、愿景、组织一致性的问题。

结缘于"CGL×塞氏中国研究院：组织力持续提升与自组织标杆案例共创"的战略合作项目，我有幸以CGL组织发展总顾问的身份走进了这家充满活力、创造行业奇迹的企业中，与众多优秀伙伴展开了深入的交流。

在完成CGL团队的Selfie组织力测评[①]（410份个人报告和16个团

---

① Selfie 是塞氏研究院（Semco Style Institute）研发的一个专业且强大的组织力、组织健康、组织效能诊断工具和在线智能评估系统。

队报告）、访谈完93位合伙人和顾问、结束3场共计141人参加的"组织力发展共创会"后，我带着许多疑问跟庄华先生再次进行了一对一访谈。

首先，我抛出了我认为很重要的一个问题："CGL的使命、愿景是什么？已经是700多人、发展了五年的团队，是不是应该要对使命有一致的理解，并且要有个共同的愿景目标？"

庄华的观点令我很震撼。他说："CGL要做平台。这些联合创始人、团队长、顾问都有着自己追求的各自的工作意义和梦想，我原本可以功成身退并光荣退休，但选择了二次创业成立CGL，就是要支持这些年轻人去成就他们自己的使命和愿景。"他坚定地表明了立场，"只有他们成功了，CGL才能成功！"

CGL=成功了（Cheng Gong Le），只有员工成功了，公司才能成功；所以公司的使命之一就是"支持员工获得成功"，公司的愿景之一就是"支持员工追寻并实现自己的目标"。

我理解了CGL这家专业服务公司创业五年即取得如此巨大成就的"秘密"，也了解了庄华为什么对中国古代哲学的"无为而治"以及欧美的"自组织"会有如此大的兴趣。

从这个角度来看庄华提出的"基于人性洞察的简单管理"，确实如此：公司在支持员工获得成功，员工在为自己做事——那还要什么太过复杂的管理呢？

CGL 这几年的逆势增长与高速发展，已成为中国专业服务公司领域的一个现象级案例，也成为中国本土企业中为数不多的与欧美乃至全球诸如"自组织""青色组织"等最先进的组织进化思想同频的案例。

我在项目报告中总结了 CGL 的三大核心竞争力：

（1）科技加持。在猎头行业，人脉等资源至关重要。但是，靠传统方式积累这些资源是需要时间的，而无论对业务发展，还是对迫切希望成功的年轻人来说，都耗不起。CGL 在创业之初，猎聘网就成了战略投资人，因为它拥有庞大的候选人资源数据。五年来，CGL 也一直是猎聘、脉脉等互联网人才数据库的最大用户。通过在数字化系统、数据获取等方面的投入，CGL 加快了项目的进展，大大赋能了年轻人的效率提升。

（2）灵活性战略。CGL 在第一个五年的发展周期中，基于市场变化，敏锐地做了数次重大战略刷新。比如，专注于过往不太与猎头公司合作的创新创业与成长型企业，并且从这些双创企业背后的投资人处找到了入口；聚焦于中国本土转型期的大型民营企业等。敏捷、清晰的客户战略帮助团队找到了市场增量，同时给特定客户群体带来了高价值服务，驱动业务快速增长。

（3）让年轻人快速成长的组织体系。CGL 打造了一个"合伙人持续学习、不断迭代，年轻人快乐成长、快速成功"的年轻态的组织，突破了传统专业服务公司资深顾问"山头主义"的行业惯例，形成了跨团队合作分享的组织氛围，打破了"只防友军不防敌军"的狭隘思维，形成了高人才密度。

其中的重中之重，无疑就是CGL通过组织创新打造的这样一个能够让年轻人快速成长的组织体系。

CGL的这种组织创新，很接近欧美"自组织"理念①，我把它定义为"横向组织"。基于猎头行业重招聘交付的特殊性，CGL的"自组织"特别支持和鼓励不同业务团队之间的横向协作。这种横向协作不仅体现在招聘交付上，还体现在经验交流、学习成长、人员流动、信息共享和情感关怀等方面。

与"横向组织"对应的是纵向的金字塔组织。在金字塔结构中建立自己组织的领导者，不应该惊讶地发现员工们开始表现得像木头人，被限制性的条条框框所固定，越来越"老态龙钟"。而在横向组织中，我们看到了每位员工正在释放隐藏的潜能、创新力、敏捷、高绩效和企业家精神。

更令人惊喜的发现是，这种组织创新实践处处体现了中国古代道家"无为而治"的哲学思想。比如关于领导力，中国古代哲学家、道家学派创始人老子在《道德经》中有这样一句关键论述："太上，下知有之；

---

① 欧美"自组织"理念的代表性企业包括全球领先的流媒体公司奈飞（Netflix）、移动游戏巨头超级细胞（Supercell）、GORE-TEX面料及逾千种创新产品的制造商戈尔公司（W. L. Gore & Associates）、全球最大的番茄加工企业晨星（Morning Star）、欧洲居家照护行业的领导企业博祖客（Buurtzorg）、巴西最大的货船及食品加工设备制造商塞氏企业（Semco SA）等。

其次，亲而誉之；其次，畏之；其下，侮之。信不足焉，有不信焉。悠兮其贵言。功成事遂，百姓皆谓我自然。"[1]庄华所说的"基于人性洞察的简单管理"，是为了创造一种无须上级领导干预的环境，必要且有效的行动会以一种自下而上的方式自然发生，这正是"无为"的体现。

又比如，太极图中的阴和阳，象征着道学的一个基本箴言，也就是相反相成。阴代表山之北的背阳面，阳则代表山之南的向阳面。我们需要悟到的最重要的道学箴言是："既此又彼"而非"非此即彼"，也就是超越对立面，实现对立面的耦合，从而创造出更为强大的新事物。

CGL核心价值观中的"合作分享"，组织与团队发展实践中的"1126原则""活水计划""团队孵化裂变""双向解锁"等，正是"既此又彼"的体现。

我认为，CGL"横向组织"的组织创新实践，是欧美"自组织"思想与中国道家"无为而治"哲学的完美结合。在整个集团层面，CGL基本上形成了没有管理者的自组织形态；在各个业务团队层面，CGL则充分尊重每一位团队长和顾问的个性，形成了由团队长决定的多元化、百花齐放的团队管理风格。基于人性洞察的简单管理思想、尊重和信任两大管理基石，贯穿于CGL平台上所有人际关系、协作关系的始终。

很期待这本书能帮助广大苦于组织活力不足、正在研究如何把公司

---

① 见《道德经》第17章。

"管理好"的企业家。有时候，"不管"比"管"更高绩效。环境发生变化了，领导力和组织模式必须改变！是时候了，我们需要更睿智的办法。期待本书能给你启发！

魏浩征

塞氏中国研究院及劳达咨询集团创始人

《自驱型组织》作者

目　　录
CONTENTS

引言   所有问题都是组织创新的问题

自第二次工业革命以来，企业经营者一直按照科层制的层级管理模式在管理公司，从研发、生产、市场、销售到后续服务。如今一百多年过去了，虽然企业经营的内外部环境发生了巨大变化，但科层制的组织管理模式仍然是现在公司管理的主流模式。

科层制的运作基于一种假设：市场趋势与客户需求可以预测，一个组织可以通过提前规划、上下层级制、专业化分工、流程化协作、有效监督和统一调度的方式管理好，从而保证自身的财务健康和盈利能力。科层制组织更像是一部井然有序、按部就班的社会机器，员工是机器上的一颗颗螺丝钉。在科层制组织的管理模式中，所谓的计划、组织、指挥、协调、控制等职能，都是在努力纠正每一个与标准流程不相符合的偏差，以确保传统组织这部机器每天重复而单调地"正确运转"。

矛盾的是，领导者却又希望员工能够随时随地保持自驱、敬业度和对工作的主人翁精神。科层制组织的最大优势是效率与成本，适合在一个稳定的环境中，把确定的事做正确。然而，这样的组织范式最大的问题在于，对精益、成本、确定性的追求极大地损害了创新力、自驱力与敏捷力。由于工作模式和权力结构本身的局限，领导者对于员工自驱力这一期待纵然经历了这么多年的努力，但仍很难实现。很多传统企业管理者都面临这样的问题：想尽了一切办法和手段，组织活力还是搞不起来。

企业家和高管们越来越清晰地认识到，传统科层制的组织形式，不再能适应今天乌卡时代、巴尼时代①的脚步。今天的员工大多是受过良好教育的专业人士，拥有运用智能手机等工具快速获取信息、制造信息、传播信息并与全世界迅速链接的能力。他们热衷于好玩有趣，热衷于运用自己的专业知识和技能，做好自己认为有意义的工作并改进自己的工作与生活质量。而我们的管理者也无法再通过直接观察和测量他们的工作过程来评估他们的绩效。

这些年来我们看到了大量的组织变革，各种打破科层制的组织创新做法令人眼花缭乱。比如合伙人制、铁三角、倒金字塔、小组制、平台型组织、阿米巴、合弄制、柔性组织、裂变式创业、格子型组织、网络

---

① 经济学家沃伦·本尼斯（Warren Bennis）和伯顿·纳努斯（Burton Nanus）于1985年在《领导者》（Leaders）一书中首次用"乌卡时代"（VUCA）来描述冷战结束后世界局势呈现的不稳定、不确定、复杂且形势模糊的状态。2016年，未来学者卡西欧（Jamais Cascio）创造了巴尼（BANI）一词，巴尼是指：Brittle（脆弱/易崩塌），Anxious（焦虑感），Non-linear（非线性），Incomprehensible（不可知）。与乌卡相比，巴尼是质的变化：过去易变的东西已经不再可靠；人们除了感到不确定，他们还感到更多的焦虑；事情不仅比过去复杂，还遵循非线性系统的逻辑；过去模糊的东西在今天看来更是无法理解。

型组织、生态型组织、DAO（distributed and decentralized，分布式与去中心化）、S3.0、青色组织、Semco Style（塞氏变革）……这些组织变革的重点方向都是如何激发团队和人的活力。

塞氏中国研究院（Semco Style Institute China）对全球范围内的八种组织创新理论与方法进行了研究（见图1）：

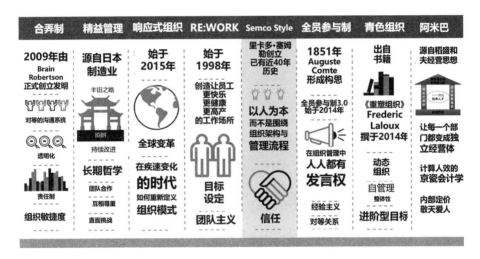

图1 八种组织创新理论与方法

以上这些组织创新中，精益管理、RE:WORK、阿米巴没有改变层级组织结构，而是改良了科层制组织。与科层制相比，它们更加强调让员工参与到公司的经营中来，提高员工的成就感、自主性和幸福感。类似的还包括亚马逊的动态功能化结构、通用公司的事业部制、微软的军阀结构、美的的事业部制以及后来的789模式等。

而Semco Style、合弄制、响应式组织、全员参与制、青色组织，则开始从本质上打破科层制，强调扁平化、人本主义等。类似的有海尔的人单合一、字节跳动的液态化组织、脸书的网络状组织、苹果的"从以领导为中心到以合作为中心"、NASA（美国宇航局）的蜂窝式组织、Supercell的生态型组织、博祖客的十人小组、麦肯锡的平台型组织等。

文艺复兴时期，莎士比亚高呼"人是宇宙的精华，万物的灵长"，人本主义开始了第一次兴起。数字化已让工业化时代的"人口红利"完全结束，新冠肺炎疫情后时代的人才红利、组织红利已经开始。通过组织创新，改进或打破科层制，将员工内心深处的好奇心、成就感、自驱力激发出来。经营好人力资本，将形成人本主义的第二次兴起。

组织创新的案例企业：CGL

庄华（Pierre，人称老P），是CGL的创始人兼首席执行官。1996年，庄华参与了亚洲最大的中高端猎头公司伯乐管理有限公司的创办，并在后续参与、领导了其所有重要的战略部署和业务发展。2018年1月，他创办了CGL，在五年内将其发展成了一家拥有107位合伙人、780多名员工、18个分公司的集团公司。CGL除了高端人才猎寻的核心业务以外，还通过生态布局，孵化和战略投资一系列围绕客户人才解决方案的团队和机构。

横向组织

在中国的整个猎头行业，甚至包括猎头公司在内的所有专业服务公司，均面临一个做不大的发展怪圈。数量多、规模小、行业散——这是目前国内猎头行业的特点。据我们了解，截至2023年，国内猎头市场的整体规模在1 700亿元左右，猎头企业数量6万余家。其中，超过90%都是中小微企业，年营收在2 000万元以下，团队人数在100人以内，有的甚至只有三五人。即使在行业头部，年营收超过1亿元的猎头企业也只有十几家，而且它们的成立时间普遍在十年以上。在它们当中，最大的一家成立20多年，团队规模达3000多人，其猎头业务营收8亿元左右。

而成立于2018年的CGL，仅用了不到五年的时间，就做到了700多人的团队规模和5亿元的收入规模，年复合增长率接近40%——在国内猎头界甚至整个专业服务行业，这样的发展速度都可谓惊人，CGL完全算得上是一匹黑马，是一个现象级案例。

CGL的以下三个数据基本反映了其市场地位和市场定位：

第一是营收。CGL在2022年5亿元的年营收，在本土猎头企业中可以位列前三。

第二是客单价，也就是候选人成功入职后，猎头企业平均收取的服务费用。这个数据可以反映猎头企业的市场定位——是专注于高端人才猎寻，还是瞄准中低端人才市场。目前，CGL客单价在16万元到18万元之间，大概换算一下，候选人的基本年薪接近百万级别。另外两家营收靠前的本土企业，其客单价在3万～7万元。

第三是人效，即顾问单产。CGL人效目前超过90万元，而国内猎头行业平均人效在三四十万元，不到CGL的一半。人效数据反映的是组织的产能效率，同时也在一定程度上体现了猎头顾问的薪酬水平。

庄华在谈到这段创业的缘起时指出，现在的专业服务市场已经发生了巨大变化，企业渐渐变成了被动群体，候选人和员工有了比以前更多的选择权，而客户对于专业服务机构"敏捷性"的要求则越来越高。包括猎头公司在内的专业服务公司之所以做不大，是因为资源不能整合、利益不能统筹。这次的再创业，正是希望打造一家能够匹配这些变化的不一样的组织。

所以，CGL的创业，是从组织创新开始的。组织创新也一直伴随着CGL成长的始终。

从猎头行业的诞生来看，它针对的其实是企业中为数不多C级别的职位，CEO、COO、CMO、CSO、CTO、CHO等战略层职位，也就五六个人。这几个人，是决定企业最终能否成功的核心。但最近20年，猎头的客户发生了很大变化，尤其在中国。加之科技的快速迭代，整个市场的竞争越来越激烈，进而使得企业的执行层越来越重要。比如，两家公司要快速铺市场，6个月铺几百个城市，能不能成功很大程度上要看执行层能不能迅速有效地执行这个战略。因此，企业的需求从过去的战略层人才，慢慢变为执行层人才。

这个转变发生以后，进而带来哪些变化呢？首先，企业对人才的需求量越来越大，以前企业战略层面需要的人才质量很高、数量较少，现在需要的执行层面的人才数量会成倍增加。其次，企业对人才的需求越来越紧迫，过去为了人才质量可以牺牲一些时间，猎头公司可以花四周时间为客户引进第一批人才，但现在企业竞争的窗口期缩短，它更愿意牺牲一定的质量换取时间，猎头顾问只需要搜寻能力就可以了。最后，随着人才需求量变大，企业对猎头的付费模式也由过往预付费变为后付费，这彻底改变了猎头行业的运营模式。基于经营的压力，猎头公司就要培养更具搜寻能力的年轻猎头顾问，这也就降低了猎头顾问的资历要求，进而降低猎头公司运营成本，实现了更快速的发展。因此，猎头行业真正在中国的崛起，正是基于科技公司对高端执行人才的旺盛需求。

通过对CGL的深度调研我们发现，CGL强势崛起的核心驱动力正是在于基于这些业务逻辑以及市场变化的组织创新。

在CGL很难找到严格意义上的管理层。高管更多是看战略方向和搭建平台生态圈，没有中层管理干部。令传统组织的管理者很难想象的是，在CGL这家700多人的公司里，甚至没有HR。

CGL的人员主体，是一个个由最少3人、最多30多人组成的业务团队，这些业务团队由服务企业方和服务候选人方的顾问们所组成。在CGL目前有70多个这样的业务团队，这些业务团队相互之间互不隶属，既竞争又合作。

服务不同行业、不同职能的这些各自独立的业务团队组合在一起形成一个个办公室，每个办公室一般不超过80人。在中国猎头行业的主战场上海，CGL就有四个办公室。每个办公室有一位OM（分公司总经理），OM通常由该办公室最大的几个业务团队的团队长之一来兼任，OM的主要职责不是管理，而是该办公室不同业务团队之间的协调、沟通、信息传递和团建活动组织等。

很难给CGL画一张标准的组织架构图，我们可以大致用这样一张"CGL组织全景图"（见图2）来初步认识CGL是怎样一家组织：

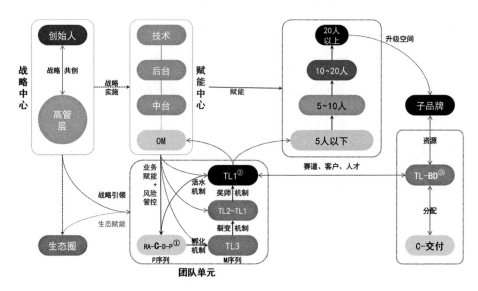

图2 CGL组织全景图

① RA, research assistant，助理研究员；C, consultant，顾问；D, director，总监；P, partner，合伙人。
② TL, trusted leader 团队长。
③ BD, business development，业务拓展。

关于CGL的治理机制、组织设计及其"组织全景图"的详细分析，可见后面的章节。

从上面这张图可窥见一斑，在CGL几乎没有什么层级，也没有严格意义上的管理层。我们感受到更加突出的，是业务导向、以人为本、尊重、信任、员工成功与客户价值。

CGL是一家典型的"横向组织"，具有非常鲜明的欧美"自组织"与中国道家哲学"无为而治"的特点。之所以用"横向组织"来定义CGL，是基于我们所看到的传统组织，基本上都是"纵向"的。

纵向组织（科层制组织）的特点包括自上而下的层级制管理：高层制定战略，管理层发号施令，员工执行落实，并由此形成一系列固化的流程、制度。在组织形态方面，纵向组织以职能和部门为核心，强调专业化分工，在企业内部建立起层级制的结构，多表现为直线型、部门型、事业部型。纵向组织致力于在这类"管理"上下功夫，研究如何继续"强化管理"来实现公司的绩效目标。

纵向组织的管理，基本上靠人管人、人盯人。随着组织的发展和团队规模的扩大，基于管理幅度的现实，老板如果盯不过来了，那就请人来盯，一个盯一个，一级管一级，不断形成中间的管理层。当组织扩大规模时，规章制度、流程和各种管理规则开始大量出现，它们旨在分解复杂的任务，形成规模化复制，并确保公司对员工的控制和管理效率。

纵向组织中，少数人掌握权力，强调流程，通过集中的、自上而下的决策进行控制，通过管理者进行协调和维护秩序，管理者的角色往往是指挥、监督和控制，管理者通过威权来驱动员工。

与纵向组织相比，横向组织则认为工作的首要目的是让员工对生活感到满意，帮助员工获得成长，获得成功。

横向组织不是通过流程和等级进行控制、管理，而是通过激励、放权和支持一线员工按照他们认为最佳的方式来工作（包括作出决策）。在绩效管理上，横向组织更加强调面向未来，重在赋能和发展员工，而非评估驱动。

横向组织认可团队自我管理，管理者的角色转型为支持者/引导者/氛围营造者/推动者/赋能者，管理者通过信任、尊重来激发员工的善意。在组织形式上，横向组织是多个相互平等、既竞争又协作的团队，每一个团队都能够直接面对客户，为满足客户的需求而独立运营。

横向组织具有很强烈的自组织的色彩，从团队自主管理、自主协作、自主决策、自主经营到自主发展等。

当然，随着远程工作逐渐盛行，越来越多的企业主开始关注自组织，每家公司都希望加入自组织的潮流，称自己为"完全自我管理的公司"或"没有老板的扁平组织"。虽然这并非夸大其辞，但也不是全部真相。据我们研究，在全球范围内，并不存在一个完全自我管理或者完全没有层级的组织。自管理不等于没有管理；扁平化也不等于完全没有层级。

组织呈现何种形态或具备什么样的特征，本质上是为了适应内部、外部环境，满足自身发展的需要。扁平化并不意味着完全摆脱组织中的层级结构。一个完全扁平的组织有时更难平衡。与完全意义的扁平化相比，更加现实的选择是，相对的扁平化，即最小化管理层级。

横向组织意味着更少的管理层级、更大的管理幅度，意味着对一线业务团队更大的放权。它减少了人力成本和管理成本，改变了组织中的沟通决策方式，信息可以跃层级传递，方便了组织结构即时进行灵活性调整。

技术的发展让信息越来越透明，个体价值开始不断凸显，人力资本的价值开始超过财务资本，企业发展的核心驱动力由资金与资源，逐渐变成了团队的创新能力与组织能力；中国企业的红利由人口红利、政策红利，逐渐变成了人才红利、组织创新红利。我们欣喜地看到，这一些观点在CGL身上得到了印证。

第一章

为什么专业服务公司
会出现横向组织

让业绩带上更多的情感，让交付有更多的爱，避免赢了单却赢不了用户。具备这些温度，输了单也能赢得用户。

——庄华（Pierre）

从信息不对称到匹配不对称

很多商业模式诞生的起点，都是为了解决信息不对称的问题。猎头行业早期进入中国市场，一定程度上也是为了解决人才供应和客户需求之间的不对称。移动互联网对商业世界最大的冲击就是，过去靠信息不对称赚钱的生意，今天都开始走不通了。我们看到中国猎头市场仍然潜力巨大。经济发展越活跃，相关人才的短缺就越明显，市场对猎头的需求就越强烈。我们观察到的是，在信息技术的冲击下，猎头行业也在与时俱进，不断迭代。过去，我们解决的是信息不对称；但今天，我们面对的更多的挑战是如何解决"匹配不对称"的问题。

信息技术能解决简单的信息匹配，但在每一份电子简历背后，不仅仅是候选人的经验和技能，还有他们的个性、文化和价值观。对用人企业而言，这些看不见的信息，比看得见的信息更加重要。在"猎头＋互联网"的环境下，我们要做的是帮助客户解决更高维度的信息不对称问题，即匹配不对称。在企业客户端，我们通过解决"匹配不对称"问题来创造价值；而在候选人端，猎头顾问的价值其实已经超越了传统意义上的咨询服务工作者，是注入了温度、情感和人性内涵的陪伴者。

猎头顾问角色的转变，正是基于候选人对工作认知的转变。过去，工作和生活是割裂开的，工作只是家庭之外的一份职业。但在今天，工作和生活的边界被打破。工作和生活越来越融合，工作本身就是一种生活方式，是人生体验的重要组成部分。因此，选择一份与自己所追求的生活方式相近的工作，变得至关重要。今天，当一个人想跳槽的时候，各种网站、APP通过简单的信息匹配将海量的职位信息推送到他眼前，但问题也随之而来：随着接触的工作机会越来越多，判断和选择的难度也在变大。

在纷繁的信息洪流中，如何更好地进行抉择？基于猎头专业的、第三方的判断，能辅助候选人全方位地了解除了市场、公司、职位情况之外的，这份工作带来的雇主文化、团队氛围、成长空间等，帮助候选人明确合适的职业路径。

不止于"找人"，而是创造美好生活的职业规划师

一般理解，猎头工作本质上是一种撮合交易，我们依据客户的业务战略，帮他们找到最合适的人选。找到人选，我们的任务也就完成了。但随着中国科技企业的日益增加，企业对于我们的期待已不仅仅是找到一个合适的人，而是期待我们找的那个人最终能给它们带来价值。所以对这样的需求，我们也是动了不少脑筋。

一个思考是向后延伸，我们在找到人选后，还要看这个人是不是能很好地融入客户的组织、团队、文化，最终交付他的业绩。这可能是作为一个人才供应商应该做到的事情。所以我们理解的客户价值，就是我

们在满足客户需求、陪伴客户成长的过程中，怎么更好地服务客户的理念。我们把它称为"猎后服务"，即帮助客户让这些空降的高管更好地融入新的组织，扮演好新的角色。

另一个思考是向前延伸，跟客户一起发现需要找什么样的人。过去三年以来，我们发现服务过的很多初创企业或转型期企业，有一个共同的问题——组织还存在各种不完善。这是因为最近几年他们发展非常快，对人才需求很紧迫；然而由于公司治理没跟上，导致他们对人才的需求也很模糊，精准度比较差。所以在服务客户的时候，我们不仅关注候选人的岗位描述，还要见一见他的主管，听一听主管对这个岗位的需求以及匹配这个岗位候选人的能力要求等。这就意味着，我们不仅要清楚客户的岗位需要什么样的人，还要花时间熟悉公司的文化和组织架构、创始人对公司的业务战略。我们把它称为"猎前业务"。

当这样的调整完成后就会发现，许多其他猎头公司仍然在做"找人"的工作时，我们已经逐渐变成服务人才发展、服务组织发展的公司了。这其实是一种行业发展趋势，外部环境倒逼着我们更快地完成转变。

为什么说在选择一份工作时，猎头顾问能比候选人更好地判断这份工作是否真正适合某个候选人呢？我们觉得最重要的一点是，由于猎头在工作场景中接触过大量的真实案例，猎头顾问非常清楚一份工作连接的是什么样的生活。在充分了解候选人对职业的诉求后，猎头顾问能判断这份工作是否能满足候选人的真实需求，这份工作接下来会为候选人的生活带来哪些变化。这些候选人关心的问题，顾问都可以结合真实的案例，帮助候选人分析、选择。

猎头顾问真正的价值不在于帮助候选人找到了一份工作，而是通过自己长期的实践积累，帮助候选人找到他们想要的生活方式。猎头顾问的使命和愿景，是成为帮助候选人创造美好生活的职业生涯规划师。未来可能我们都需要一个职业生涯规划师，在跳槽、职业转换的时候，他们能帮助职场人更精确地评估每一个工作机会；更重要的是，他们会陪伴候选人在职场中成长，在每个阶段为候选人带来有价值、有温度的职业咨询。

正如其他行业一样，猎头行业也不可避免地受到信息技术的冲击和影响。招聘工作中那些基础的部分正在被机器替代，但关于人性的那部分，仍然需要专业的猎头顾问协调解决。

交易是暂时的，交情是长期的。所以说，专业顾问最后拼的都是人品。

尊重基于个体驱动的价值实现

任何商业行为的社会价值之一，都是让生活变得更美好。商业之所以可以永续发展，就是因为从古至今人们追求美好生活的愿望从未停止。我们之所以喜欢某个产品或企业，不是喜欢它们本身，而是喜欢它们所带来的生活方式。

猎头是离人最近的生意，关系着价值链上每一个人的生活方式选择。从行业最终要实现的价值目标来看，作为职业生涯规划师，我们的使命是要为生态里的合作方创造美好生活。

个人目标与组织目标不是从属或服从的关系，而应该是融合的、一致的。因此，猎头企业价值目标实现的过程，也就是猎头顾问个人价值目标实现的过程。

正如大卫·梅斯特在《专业服务公司的管理》一书中所说，专业服务公司成为"我们的资产就是我们的人才"这一广为人知的说法的最佳代言人。与其说专业服务公司销售给客户的是公司本身所提供的服务，倒不如说是某位专业人士（或者是由专业人士组成的团队）所提供的服务[1]。因此，专业服务公司的成功一定是源于员工个人价值的实现。

专业服务公司必须要能够更好地吸引和留住人才，充分发挥人的积极性、创造性，让身处其中的个体能完成自我价值的实现。在公司中，个体价值的驱动力来源于：

（1）成长和成功。个人价值目标与组织价值目标一致的前提是，个人的努力在组织中是被认可的，是能得到相应回报的，包括财务回报和组织的认可。企业成功源于员工个人价值的实现。当我们将"创造美好

---

① 大卫·梅斯特.专业服务公司的管理［M］.吴卫军，郭蓉，译.北京：机械工业出版社，2018.

生活的职业生涯规划师"作为价值目标的时候，首先要让顾问感受到职业带来的成长、成功和美好生活。因为看见，所以更加相信。

（2）文化和价值观认同。企业的文化和价值观决定了员工的工作动力和他们提供的用户价值。在向善的文化和价值观下，员工能感受到什么是美好，一切的行为出发点，也是为用户创造美好。

特别是新生代员工，物质激励已经不是最重要的因素，他们更希望加入一家"伟大"的、特别"酷"的企业，他们希望通过自己的力量去影响和改变世界。企业要站在更高的视角，成为全新价值的塑造者，让员工与组织的使命产生共鸣，让组织价值与个人价值达成统一。

当组织与员工"三观"一致时，大家就能心往一处想、劲往一处使，将组织的价值目标落到实处，为生态中的用户创造价值、传递价值。

招聘是一项艺术而非单纯技术。从过去的"信息不对称"到今天的"匹配不对称"，招聘市场的逻辑变了，猎头的价值目标也在发生相应变化。对于从业者而言，要从终局思维出发，看到猎头行业最终应该成为什么样子。以终为始，组织和组织内的每一位顾问都达成共识，才能朝着同一个价值目标努力，也就是为用户创造美好生活。

同时赢得客户服务市场和人才招聘市场的竞争

专业服务公司在当今时代面临的最大挑战，不是找到并雇佣廉价劳动力，而是如何同时赢得客户服务市场和人才招聘市场的竞争，并找到与拥有创造性思考能力及专业主义精神的人才的最佳合作模式。

在任何一个专业服务行业，客户的三项最大需求都是：专业服务公司提供的专业知识、经验和效率，但是不同客户在考虑这三个要素时的相对优先级会有很大不同。在竞争更加激烈的猎头服务行业，客户普遍对于交付效率的要求是排在最前面的，这与企业对于人才的竞争需求是一致的。

从组织力与组织设计的层面来看，市场对猎头服务机构的敏捷性要求越来越高，要求猎头公司要更加快速、更加准确、更加灵活。猎头公司的组织架构为了适应这种要求，一方面要扁平化、要极大放权；另一方面，也要求我们的服务顾问要有极强的自驱力，要全情投入并且热爱这个业务。

我们看到，传统纵向的金字塔组织，通过不断强化的、复杂的管理方式，在如今带来的并非更高绩效，而是相反。

在横向组织中，管理者的首要任务不再是控制和监督，而是信任与激发；不再是维持现状，而是领导变革。在追求自管理，强调信任与尊重的横向组织中，效仿与来自同伴的鞭策远比等级管控制度更有约束力。横向组织充分信任员工，通过激发员工的自驱力来满足客户需求与成就组织发展。

无法适应横向组织中与自由对等责任的人往往会选择离开，回到层级分明的纵向组织。这样一来，企业便能够不费一兵一卒，自动筛选出最匹配当前发展阶段所需要的优质人才！与此同时，横向组织的员工不需要被刻意激励，因为在这样的组织中，每个员工都是合格的成年人，他们天生便拥有成就自己、成就组织的渴望。

今天的Z世代员工，他们对企业的诉求更偏重情感、精神层面，思想上也更强调个性化和被尊重、被信任、被认可，更加排斥"被管"。

毫无疑问，与"纵向组织"相比，"横向组织"在人才吸引力、信息传递速度、决策效率、团队协作与协同力、员工自驱及满意度等方面，都更加适合猎头行业。

　　　　　　　　　　　　　　　　　　　横向组织

第二章

横向组织的思想内核

自我管理要逆人性，团队管理要顺人性。

——庄华（Pierre）

组织设计与管理的底层逻辑

企业的持续成功取决于两个核心要素：一是在作连续性选择时，要确保战略方向大致正确。方向错了，全盘皆输。二是要有能匹配战略方向的组织力，让团队始终充满活力。大家愿意做，能够做。

任正非这么形容企业发展："战略就像龙头，要抬起来，这就是方向，大致正确，更重要的是龙身子要舞起来，要有力，整个龙才能活起来。"

尤其对于今天的企业来说，"组织活力"极为关键，组织活力的强弱，成为企业未来分化的重要变量。有活力才有效率，才能具备动态敏捷适应性、规模化的灵活性，才能抵御危、抓住机，跨越周期。

我们在做组织设计与组织发展咨询时，经常碰到这样的问题：

"员工主动性不够，团队氛围消沉，组织缺乏活力，员工关系紧张，如何破局？"

"阿米巴怎么样？或者，我们去学习海底捞、阿里巴巴、华为，哪个更合适？"

我们认为，不同企业或同一企业的不同阶段，其基因不同，面临的问题、挑战、主要矛盾也不同！因此，没有完美或最佳的组织模式，只有适合的、不断变化的、能够持续迭代的模式！组织发展当中各种问题的解决之道，存在于组织内部。组织创新是一个无止境的过程；不创新，就死亡！盲目地参考和追逐业界最佳实践并对其进行复制，到头来只会原地踏步，永远无法取得胜利。

适合的组织设计和组织创新，是组织活力的源泉，也是组织增长的基础。成功不可复制，成功背后的底层逻辑才具有生命力，才具可复制性。底层逻辑在面临变化时，能够应用到新的变化中，产生新的方法论，参透和抓住不变的本质规律，帮助组织以不变应万变。

不同事物间的共同之处、变化背后不变的东西，就是底层逻辑。只有底层逻辑才是有生命力的，才能帮助我们与这个充满不确定性的时代共存。

CGL横向组织最根本的底层逻辑就是业务逻辑，对于创业期的企业而言，一切都基于业务发展、业绩增长的需要。CGL正是基于客户、候选人、市场以及当下员工的变化，来设计自己的横向组织。

促进和帮助业务发展，是CGL整个组织发展体系的中心目标。基于这个目标，CGL提出了"业务导向"和"以人为本"两大底层逻辑，形成了"拥抱变化，做客户的TA（trusted advisor，受信赖的顾问）"和"顾问成功，做员工的TL（trusted leader，受信任的团队长）"两大组织发展战略方针，并进而提出了"基于人性洞察的简单管理"的核心思想。相互尊重是CGL的生产力，相互信任是CGL的管理哲学。

我们可以用图2-1来概括CGL横向组织的底层逻辑与思想内核：

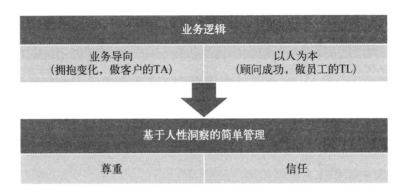

图2-1　CGL横向组织的底层逻辑与思想内核

业务导向

创业期的企业面临的首要问题是生存，业务发展和业绩增长是组织生命力的源泉。只有有了源源不断的现金流，企业才具备向未来发展的可能。在这一阶段，CGL依据"业务导向"的方式进行整体考量，组织的一切力量为业务发展服务。

CGL的组织设计完全是基于这个业务逻辑而定的，为适应市场变化而生，为满足客户需求而变。这与传统组织"以职能为导向""以管理为导向"的组织设计思路完全不同。

在"业务导向"的指引下，形成了CGL组织发展的第一个基本方针：拥抱变化，做客户的TA。

今天的雇佣市场、候选人、客户以及商业模式都在变化；雇佣市场变了，候选人逐渐拥有了更多选择权；客户对于响应速度的要求也越来越高，同时更加结果导向；商业模式中的支付模式和交易方式也在不断改变，对组织设计来说是极大的挑战。什么样的组织才能适应这样的变化趋势？CGL认为，唯有积极拥抱变化，才能获得组织生存和发展的空间。

在"拥抱变化"的同时，CGL提出要"做客户的TA"，以提升服务价值和客户体验作为组织发展的重要目标。

纪伯伦说过：一个人的意义不在于他的成就，而在于他所企求成就的东西。一家企业的意义也是如此。什么可以支持一家企业的持续成功？不仅仅是宏伟的战略或是精细化的管理，更重要的是专注于为客户创造价值的力量。

如何成为客户的TA？唯有不断提升服务价值和客户体验，才值得被客户信赖。

如何满足客户对服务响应速度越来越高的要求？组织必须变得更加快速、准确、灵活，通过小团队作战的模式，及时快速响应客户需求，这就形成了CGL小团队集群作战、去中心化、充分放权的业务与组织模式。

如何满足客户结果导向的要求？因为业务有跨界发展、转型发展的需求，客户对于交付结果也有着不同的需求。而一个团队无法满足客户多样性的需求，因此，CGL打通团队边界，构建起团队横向协同作战模式，以应对客户复杂需求的快速交付能力。

在激烈的市场竞争中，所有企业都在寻找增量。为客户创造更大价值，才是巨大的增量市场。你能为客户创造多大价值，决定了你能在这个行业抓住多大的红利。我们看到，客户对人才需求强烈，对业务增长需求强烈。围绕着增长，我们延伸了一系列针对客户需求的专业服务和增值服务。这些需求，就是CGL要抓住的红利，就是CGL为客户创造更大价值的战略定位基石。

相较于职能导向、管理导向等进行组织设计的公司而言，"业务导向"将组织的力量聚焦于客户开发和客户服务，帮助CGL在创业的第一个五年迅速在市场站稳脚跟并成为行业头部企业，取得了现在的成绩。

以人为本

人是组织发展的起点，也是保证企业持续成功的决定性因素。员工被摆在什么样的位置，是"目的"还是"手段"；是"视员工为人"，还是"视员工为工具"；不同的认知，决定了不同的组织管理形态。最好的人才，只需要引导、教导、领导，而不需要被管理、被发号施令。

"以人为本"的底层逻辑不是一句简单的空洞口号，它已深刻地扎进了CGL的文化基因中。在"以人为本"的指引下，形成了CGL组织发展的第二个基本方针：顾问成功，做员工的TL。在"业务导向"的同时，CGL把持续支持年轻人快乐成长、快速成功作为组织发展的另一个重要目标。

CGL的业务本质是专业服务，服务价值的创造以人的主观能动性和能力发挥为基础，因此，"顾问"才是CGL的立业之本，没有顾问的成功，就没有CGL的成功。管理的核心在于成就员工，最终的一切都要回归于人，人是原因，也是答案。今天CGL的成绩背后，是无数顾问的成功。因此，CGL的组织发展是紧密"围绕年轻人的成功"而展开的。

如何"成为员工的TL"？唯有持续支持年轻人快乐成长、快速成功，才能值得被员工信赖。为此，CGL给予员工充分的尊重和信任，给予团队足够的权力和自由，为员工创造更好的成长和发展环境。比如员工有业务方向的选择自由，跨团队合作的协作自由，跨团队"活水"的流动自由，职级晋升团队裂变的成长自由等。

CGL在组织设计层面打造了两个产品：

（1）**面向客户的产品**。基于业务导向，主动拥抱变化，做客户的TA，不断提升服务价值和客户体验。

（2）**面向员工的产品**。基于以人为本，支持顾问成功，做员工的TL，持续支持年轻人快乐成长、快速成功。我们不断追求产品的升级迭代，以响应客户和员工的发展需求。

组织创新、组织进化是一个永无止境的任务。虽然说条条大路通罗马，没有完美的组织模式，只有对的组织模式，但是成功的组织底层逻辑是相通的。

坚持业务导向，以人为本，是巴尼时代组织发展最底层的逻辑。它聚焦企业的核心目标，唤醒了高度自主、自驱动的个体，赋能他们更大的自由。它将营造自带进化基因的自驱型组织，帮助组织乘风破浪，持续面向未来。

基于人性洞察的简单管理

巴尼时代，环境变化的规模和速度让员工变得更有自主意识，科技的发展让员工更加容易掌握信息，员工对公司也比以前有更高的期望。传统纵向管理模式，如对下属发号施令、掌控全局、指挥方向，以及依赖信息不透明，或者依赖领导者过人的知识水平和人格魅力等，已不再奏效。知识层次和信息水平越来越高的下属们经常比领导者更快地知道发生了什么，也常常比领导者更清楚需要什么。职场上，对上级的恐惧和尊重已在渐渐消失，权力变得更为动态。

人性洞察是CGL管理思想的根基，CGL一切机制的设计都立足于此。视人为人，每位合伙人和员工都是心智成熟的成年人——这个思想根基定义了："基于独立人格的自我角色认知，基于平等合作的人际关系。"CGL倡导让这种思想成为"团队管理和个人发展"的基本精神。

纵向管理模式，靠的是严格约束和监督，人为限制了员工的潜力，束缚了他们扩大工作范围的可能性，阻碍了他们的工作积极性。那些告诉人们"应该怎么做"的规章制度正是阻碍创造力的桎梏。现在的企业管理员工,靠的是相互吸引。一个既有愿景又有野心的领导者和管理者,需要将每名员工激发成团队的战略合作者。

CGL成立至今,几乎没有什么规章制度与管理流程,团队自己设定业务方向、薪酬与业绩目标,便自我运转起来。涉及团队之间的协作与利益分配,除了最核心的一条"1126原则"的简单规则外,主要靠团队之间的自行商量和决策。

基于人性洞察的简单管理——CGL提倡自驱自律,持续学习,以己度人和推己及人。传统纵向管理认为公司管理是自上而下的,拥有成熟经验的管理者是公司健康运营的必要前提。作为专业服务公司,在CGL的发展过程中,我们发现管理并不一定需要非常体系化、复杂化,相反,基于人性洞察的简单管理,让年轻人参与到组织的管理中,共建、共创、共管,会让管理这件事变得更加简单和高效。

基于人性洞察的简单管理——这里的人性并不是指普适的人性,而是指某个行业从业人群的特定人性。在每一个行业,从业者适应了所在行业的行为习惯和准则后,就会形成特有的行为特征。对于猎头行业的从业者而言,我们观察到的人性包括:

首先,他们追求独立的人格,不遵循规则,不顺从权威。在他们看来,自己不是为老板打工的,自己的钱都是自己赚来的,并且享受自己能够决定自己的工作时间、工作方向和工作方式。

其次，他们很适应模糊性环境。这源于猎头行业的特点，客户在挑选人才的时候，不是非黑即白。人才的挑选不是科学，而是艺术。对于每天身处这种模糊性环境的猎头顾问来说，丁是丁、卯是卯的管理规则不是他们所能适应和接受的。

最后，年轻顾问有着自己的诉求：能学到东西，让自己变得更加优秀；获得认可和尊重，该升职的时候升职，该赚钱的时候赚钱；管理规则要透明、公平。

基于上述对猎头顾问群体的认知，CGL提出"组织管理要顺应人性"。强势文化在CGL是行不通的。我们必须抱有这样一种理念：满足员工的诉求，支持他们的成长，承认他们的多样和多元，包容他们的缺点和不足。同时，制定简单、清晰、容易执行的规则，团队在规则下面拥有充分的自由和权利。这就是CGL所说的"简单管理"。

CGL的企业文化，对标的是奈飞公司的"成年人文化"。作为成年人，大家都能作出是非判断，所以管理措施没必要定得太细。

CGL提出的"简单管理"，就是充分顺应猎头顾问的人性，通过一些简单的规则，让每个人、每个团队获得充分的独立、自主、尊重和成长机会，从而激发他们内在的自驱力和动能。这不仅使每个人、每个团队实现自我成长，而且使他们像一个个原子核一样相互吸引、相互碰撞，发生核聚变反应，释放出巨大的能量。

信任＋放权——基于常识和人性的简单管理是最舒服的，也是最有效的。信任的前提是相信每位合伙人和员工都期待在这个平台上成为更好的自己，放权的前提是每位合伙人和员工都理解自由与责任往往并存。因此，CGL鼓励在团队赋能他人时，要顺应人性应对自由、自主、追逐梦想的诉求；同时，团队负责人也要严于律己，在个人发展方面要逆人性地不断去挑战自我，走出舒适区，拥抱更大的发展机遇。

精力日益碎片化的今天，繁杂意味着分散精力；简单则意味着集中精力于业务。一旦游戏规则一目了然，团队就会擅长玩这个游戏。简单，让工作变得更轻松。

横向组织的两大管理基石：尊重和信任

正是"基于人性洞察的简单管理"思想，"尊重和信任"成为CGL的两大管理基石，这是CGL平台上所有人际关系、协作关系的文化共识，也是所有横向组织的两大管理基石。

当领导者和员工彼此尊重、相互信任时，会形成良好的互动和信息交换关系，员工倾向于制定更有挑战性的任务，领导者也倾向于提供更多的反馈、支持和资源，从而产生高绩效。而当领导者和员工之间缺乏信任，互动较少，主管基于单向的行政命令机械做事时，员工则倾向于制定比较保守的目标，被动等待领导分配任务。

比起那些感受相对更差的员工，那些感受到领导者尊重和信任的员工，往往担负起了更多的责任，工作绩效更优秀，对团队的贡献也更大。白金汉（Buckingham）和考夫曼（Coffman）曾对5 000名管理者做调查分析，结果表明：员工跳槽与否的关键性决定因素是他们是否认为他们的领导者信任和尊重他们[①]。

此外，团队成员之间、不同团队相互之间的尊重与信任也同样非常重要。很多工作需要团队成员相互紧密协作与高效协同，猎头公司的核心竞争力之一：招聘交付速度，更加需要团队间的资源与信息共享，高效合作。

相互尊重是CGL的生产力，相互信任是CGL的管理哲学——基于人性洞察的简单管理思想，我们在CGL组织发展文化的以下六个方面看到了对此的进一步的诠释：

1. 选择自由

有选择才有自由和幸福。每个人都有权利成为最好的自己，追求自己的梦想，成就自己的事业，并为此作出最好的选择；因此，CGL平台一直致力于尽可能地赋予每个人选择的权利，让个体拥有选择的自由。我们希望CGL平台上的每一位伙伴都能尊重和珍惜"选择自由"，践行

---

① 利·汤普森.创建团队［M］.方海萍，译.北京：中国人民大学出版社，2007.

"彼此助力，相互成就"的团队承诺。

2. 支持成功

支持顾问和团队长持续成长、不断成功。只有顾问和团队长成功才有CGL平台的成功，因此，支持顾问和团队长的成功是平台最基本的职责。CGL平台会不断汇聚资源，迭代赋能能力和赋能机制，以帮助顾问和团队长成长和发展，助其成就自我、成就选择、成就事业、成就梦想。相应地，我们也期望团队长持续传递这份支持到团队中的每一位顾问。我们期待顾问将这份支持他人成功的文化基因传递到客户和候选人端。

3. 客户的TA

做客户的TA，不断提升服务价值和客户体验。基于业务逻辑，我们希望我们的组织是以客户的价值和体验为中心的，我们必须要做客户的TA。如何值得被客户信赖？这是所有顾问服务客户的首要问题。我们认为，只有持续精进专业能力，不断提升服务价值、优化客户体验、想客户所想、急客户所急，才能获得客户的尊重和信任。我们要以"不断满足甚至超越客户期望，跟上客户的创新"为目标。职场是美好生活的重要组成部分，我们如果认同成就他人，以积极的心态对接客户和候选人，自然能在交付中给客户、候选人传递我们的温度。

4. 员工的TL

做员工的TL，持续支持年轻人快乐成长。CGL最核心的竞争力是我们的TL队伍。在CGL，团队长的责任更多意味着赋能团队成员，帮助团队成员成长。TL的本质就是尊重和信任。如何值得被下属信赖？赢得信任，这是所有团队长带团队的首要问题。团队长只有提升自我能力，能为年轻人创造发展空间，能持续赋能下属不断成长，帮助其业绩不断突破，才能获得下属的尊重和信任。在此基础上，做一个有魅力的TL——你可以是任何性格和个性类型，发挥你独特的领导力。

5. 创业生态

打造一个共生共创、美好向善的创业平台和一个开放多元、自驱自律的生态组织。CGL将成为一个什么样的组织？我们希望CGL成为每位合伙人和员工事业发展的土壤；我们提供相应的配套赋能机制，帮助每个人在这个平台上创业发展，每个人都可以在这里开创属于自己的风格、模式的业务，每个人也能找到合适自己的位置；人与人之间、团队与团队之间相互协作，一起共生共创，打造一个多元自驱的创业生态组织。

6. 上不封顶

让每个人的职业发展上不封顶。CGL希望每个人都能不断成长，都能开创自己的事业，因此对于成长不设限，对上升通道不封顶；也希望所有人都能成为别人成长和上升的助力者。

　　企业组织是一个由许多不同的人组成的社会生态系统和文化生态系统。人是组织的核心要素。而管理的本质，就是激发和释放每一个人的善意，最终通过有效组织团队来达成结果。因此，要想有好的客户满意度，首先要有好的员工满意度。

第三章

横向组织的运营
与治理机制

我们一直想做一个员工有选择的组织，因为有选择才会有自由，有自由才会
有幸福。

——庄华（Pierre）

横向组织的组织架构

治理是一门科学。大多数人都喜欢简单，复杂始终是无法做到简单时退而求其次的选择。需要"复杂"而摒弃"简单"的人，往往是通过"纵向"层级管理制度这套晦涩难懂的系统来彰显其优越感与存在价值。但在"基于人性洞察的简单管理"思想指导下，CGL 设计的治理结构与组织架构总体上是横向的，非常简单、扁平化。

在治理结构上，CGL 可以分为股东层与经营层。股东层包含了创始人持股、核心合伙人持股和战略投资人持股三个方面。其中，创始人及核心合伙人参与公司的经营管理，战略投资人不参与公司的经营管理。经营层主要包括三个大的"横向"团队：高管层、中后台和业务团队，他们互不隶属，但高管层和业务团队的人员互有交叉。

高管层，由创始人和部分高级合伙人组成，主要是引领整个公司平台的战略发展方向和发展平台生态圈，以及承担业绩指标。高管层通过每月例会、季度合伙人大会与团队保持密切沟通。平台生态圈既包括 CGL 内部孵化的子品牌，也包含外部投资参股、并购控股的子公司和子品牌[①]。

---

① 除核心高端人才猎寻以外，CGL 还孵化和战略投资了一系列围绕客户人才解决方案的团队和机构，其中包括中端人才招募（TTC）、科技招聘服务（Deepin）、领导力落地咨询（MCG）、专家网络（CGL 六度专家）、领军人才猎寻（STS）以及投融资咨询（创瓴资本）等。

中后台（业务中台+职能后台），主要由数据分析、行业研究、数据撮合、运营辅助、财务、市场、技术等团队组成，核心职责是支持业务团队发展业务。中后台通过财务评级、培训与学习、协助顾问打造个人IP、数字化工具等手段赋能业务的发展。

业务团队是CGL的主体力量，按行业（如新经济、医疗、生命科学、新兴工业汽车、商业智能、新能源等）或职能（如人力资源、法务、财务等），由一个个3～30人的业务团队组成，业务团队成员包含了合伙人（团队长）和顾问。CGL目前有70多个这样的业务团队，这些业务团队互不隶属，既竞争又合作。

业务团队成员没有等级，但会根据业绩能力确定职级，依序从研究员、助理顾问、顾问、高级顾问、助理总监、总监，再到合伙人和高级合伙人。业绩达到相应标准时，职级可以自动晋升。成为总监后可以开始带业务团队，三人成团。业务团队的负责人简称为TL，团队长负责制定团队的业务战略和项目实施，并带领业务团队实现年度业绩指标和持续发展。根据团队规模大小，团队长又分为三级、二级和一级（TL3、TL2、TL1）。

在猎头、法律、管理咨询等专业服务领域，最常见的组织架构是公司制和合伙人制。在公司制下，总公司或集团在各地设立分公司或子公司，它们作为独立核算单元自负盈亏。在合伙人制下，公司更多作为一个品牌存在，合伙人就像品牌加盟商，组建自己的团队，经营自己的业

横向组织

务，自负盈亏。

CGL在创立时，原本想的是做合伙人制，公司跟合伙人间关系简单，管理轻松，业务增长也比较容易。但是，没有想到的是，公司最初一批合伙人在第一次参加领导力工作坊时，谈到公司未来，都说要IPO上市。如果按照最初的设想做合伙人制，就跟上市没关系了。由于创始合伙人们都有这样的愿望，CGL就不能做单纯的合伙人制。

最终，CGL采用了虚实混合的组织架构。从法律上看，CGL是公司制，总部建立业务中台和职能后台，在各地设立分公司。这种制度在法律上保证了未来上市的可能性。但从运营的实质上看，CGL又是合伙人制，每个合伙人都组建了自己的业务团队，合伙人被称为"团队长"。虽然分公司由若干合伙人团队组成，但CGL的基本业务单元却是合伙人团队，而不是分公司，直接承担绩效任务的也是合伙人团队。可以说，CGL的公司制是形式上的，各个分公司不承担自负盈亏的责任。而且，分公司总经理是由下属某个合伙人团队的团队长兼任的，承担的只是行政支持与协调角色，并不是实际的管理者，分公司其他合伙人团队的团队长也不向他汇报。所以，从整个CGL来看，公司总部直接面对的就是各个合伙人团队，通过业务中台和职能后台直接赋能给这些团队。

业务中台是一个业务支持团队，他们支持合伙人和顾问。合伙人在开发客户时需要做两件事，一是做行业研究，了解客户行业的发展趋势、新动向、投资情况以及领先企业的具体情况；二是准备客户见面的资料，比如PPT。合伙人自己也可以做这两件事，但太耗时间。所以，中台团队会帮助合伙人做好这些事情。

顾问的工作主要是找到合适的候选人，这是一个"偏劳务"的活。为了减轻顾问的工作强度，中台团队会通过外网和内网，用大数据初筛出第一批候选人让顾问挑选。如果顾问正在经手的岗位跟近期其他团队做过的其他项目类似，中台团队会帮助对接，让顾问联系相关人员进行交流。

除了业务中台，市场、财务、人事等职能后台对业务的支持力度也非常强大。在配合业务拓展的过程中，对于自上而下或自下而上的各种请求，CGL所有的中后台都抱着强烈的服务意识。实际上，在一家相对大型的公司，能不能体验到来自各个职能部门的支持和赋能，会对人才流失产生很大的影响。

现在CGL在全国10个城市设立了14家分公司，每家分公司都由若干合伙人团队组成。由团队长兼任的分公司总经理通常承担的是行政角色。除了在上海、北京分别设立了4家和2家分公司以外，CGL在其他城市都只设立了1家分公司。之所以出现"一城多分"的情况，主要有几个方面的考量：

第一，CGL倡导合作，而合作的基础是，"大家要彼此脸熟，相互认识。如果面都没见过，合作就很难"。庄华发现，如果在一个办公区

　　　　　　　　　　　　　　　　　　　　　　　横向组织

超过80人，就会相互不认识。所以，从上海团队开始，规模人数每到80人左右，就独立出来成立分公司。

第二，跟客户见面、邀请候选人面试会更方便。比如，如果客户或候选人在上海浦东，那么浦西恒隆分公司的顾问就可以去浦东分公司跟客户或候选人面谈，不用麻烦他们来恒隆分公司。CGL还在上海虹桥设立了一家分公司，紧靠虹桥机场和火车站，方便从外省市来的客户或候选人。

第三，CGL需要一些真正的领导者、管理者。如果在上海设立一家大分公司，300多人一起工作，对分公司总经理来说，挑战太大。把团队拆开，变成4家分公司，有4个总经理，就可以让更多人锻炼自己的领导能力、管理能力。你会发现，一旦当家，人的认知就会提升，有大局观，成长得更快。

此外，CGL内部还以"自组织"的方式，由员工自下而上设立了三个委员会，包括仲裁委员会、运营管理委员会和组织发展委员会，这三个委员会均以员工自愿报名参加为主，让年轻人去解决年轻人工作中遇到的问题，让年轻人为组织的发展寻找更多的可能性，让年轻人的价值得到充分的发挥。

随着CGL横向组织的发展，我们看到了年轻人对组织的真实需求，因此将更多地为CGL横向组织注入多元性、平等性、包容性和归属感。在这样的一个横向组织里，每个人的创新和想法都是可以被看见、值得被看见的。

横向组织的人才发展策略

截至2023年，CGL共有700多人，其中合伙人107人，顾问550人，中后台人员不到80人。创立前三年，CGL合伙人大多来自其他猎头公司的资深人士或其他行业的商业精英。从第三年下半年开始，CGL侧重于内部培养合伙人。现在的107位合伙人中，有40位左右是内部自己培养的。

在外聘合伙人时，除了技能和经验，CGL更看重动机。外聘的候选合伙人通常已经工作10年以上，他现在还有什么目标，想要完成什么，想成就什么，这些非常重要。如果看不清他的动机，他可能就不是一个合适的人选。相比外聘合伙人，内部成长的合伙人跟CGL文化的匹配度更高，对公司价值观的认可度也更高。过去五年里，CGL合伙人的流失率非常低（每年2个左右）。

在CGL的合伙人团队中，除了作为团队长的合伙人，余下的团队成员就是猎头顾问，他们绝大多数都是二三十岁的年轻人。顾问年轻化，是国内猎头行业30年来经历的一个非常大的变化。

在中国猎头行业发展的早些年，客户对人才到岗时间不太敏感，他们往往只有一个条件——找到最好的人。而要找到这样的人，潜在的候选人普遍资历较深，年龄偏大。当猎头顾问跟这些候选人进行电话沟通时，候选人比较谨慎，不会直接说自己是否想跳槽，或者是否对这个职位感兴趣。相反，他们首先关心的是，这个猎头顾问是否有足够的资历跟他们对话，谈他们的职业发展，也就是说，在资历上是否门当户对。在这种情况下，早年的猎头顾问也普遍年龄偏大，显得资深，容易跟候选人产生对话。

如今，候选人的心态则要开放得多。他们把跳槽、跟猎头公司打交道看作再正常不过的事了。当有猎头顾问给他们打电话，他们直接就问是哪家公司，什么职位，多少年薪。他们甚至还当面跟老板说：又有猎头公司挖我了。候选人的这种变化，给了年轻顾问机会，这样顾问是否资深不再显得那么重要了。

年轻顾问越来越多，还有一个原因是客户支付费用的方式发生了变化。以前，客户会预付部分费用，即使找不到合适的人选，这部分费用也不可退还。现在，因为客户面对的竞争市场迭代很快，它们对人才的需求往往很急，巴不得当天签订猎头合同，当天就能有候选人。而且，客户需要的人才数量也很多。以前，客户可能需要的是公司战略决策层的职位，包括总经理和负责生产、销售、市场等的副总经理。现在，除了战略决策层，客户还需要很多战略执行层的职位，如果是互联网企业，可能还要一大批工程师。在这种情况下，原来预付费的方式根本行不通，因为客户成本太高了。所以，现在猎头行业基本都是后付费。CGL大概只有十分之一的订单是预付费，大部分都是后付费。这样一来，猎头公司的成本压力会很大。如果订单做不成，收不到任何钱，怎么办？因此，企业要降低成本，就一定要用年轻人。

猎头行业是一个人才密集型行业，所有业务都需要依靠猎头顾问的专业能力。所以，年轻顾问能否迅速成长，成了关乎CGL能否成功的关键点。CGL倡导年轻文化，从创立第一天起，就提出年轻人要"快乐成长，快速成功"。

在CGL看来，要让年轻人快速成长，有两个要素：

第一，师傅传帮带。CGL从一开始就网罗了很多资深的合伙人，他们对于行业的认知、服务客户的专业经验，都是很多年积累下来的，这些都不是年轻顾问可以从书本上学来的。合伙人通过言传身教、师徒传承，帮助年轻顾问迅速成长起来。能否打造一支充分理解客户、了解客户需求，尤其是了解客户建立在业务战略上的人才战略的顾问队伍，合伙人就显得尤为重要。

第二，数据加持。在猎头行业，人脉等资源至关重要。这类资源靠传统方式积累是需要时间的，而无论对业务发展，还是对迫切希望成功的年轻人来说，都耗不起那么多时间。要想让年轻人能够快速积累人脉，一定要利用现在的互联网、大数据、人工智能等技术。所以，在CGL成立的时候，猎聘网就成了战略投资人，因为它拥有庞大的简历库等大数据。事实上，五年来，CGL一直是猎聘、脉脉等互联网人才数据库的最大用户。数据的获取加快了项目的进展，帮助年轻人更广泛地搭建人脉圈。

团队长是CGL整个组织架构中最核心的成员。CGL的团队长的角色定位如下：

  每一位团队长都是CGL的火车头，合伙人是团队的大火车头，总监（D）、助理总监（AD）是团队的小火车头。既然是火车头，就要有使团队成员追随的领导力，要有赋能团队前进的动力，要有带领团队达成目标的韧劲，要有引领团队打胜仗的战略筹划能力。因此，团队长需要身先士卒、身体力行，有业绩实力证明、有资源利益分享、有人格魅力傍身，成为一个实至名归的领导者。为此，团队长首先要使自己不断突破成长，同时带领团队成员不断突破成长，成人达己、彼此成就。

团队长的价值定位，即团队长对于成员的价值是什么？我们认为，在CGL，团队长有以下四重价值：

  （1）榜样价值：做客户服务的榜样，做带领团队的榜样，成为团队学习追随的榜样。

  （2）教练价值：成为团队成员能力成长、业绩突破的教练，不断激发团队成员的潜能，不断达成业务目标。

  （3）良师价值：成为团队成员的老师，分享知识技能、成功经验和失败教训。

（4）益友价值：成为团队成员的朋友，在意其感受，关注照顾其情绪，帮助其度过黑暗时期，在其情绪低落时给予鼓励和温暖，不断赋予其克难前进的能量。

CGL是一家以业绩立身的务实公司，在创业之初就是志在成为业务驱动型的组织，因此，CGL过去一直着力打造业绩导向的组织文化。在未来，我们依然会将业务驱动作为主导性文化。CGL过去五年的高速增长和快速发展，吸引了大批业内优秀的自驱型顾问加入，业务的快速发展和顾问个人的快速成长形成了良性飞轮增长效应。随着组织规模的扩大，CGL仍然需要通过每一位顾问保持加速度，不断自我突破来驱动业务的高速发展。为此，顾问的成长与突破将成为CGL组织发力的关键点。

用"企业价值观"治理而不是用"规章制度"管理

企业的发展环境总是越来越复杂，比如法律的变化、用工政策的变化、技术的变化、工作方式的变化、市场环境的变化等，为了应对复杂性，管理者总是习惯于不断完善规章制度，在原有的制度体系基础上添加更多新的规定，不断作大量新的解释和修订。久而久之，形成了企业现行复杂的规章制度管理体系。

但是在CGL，除了"1126原则"等处理业务分配的指导性文件外，几乎没有什么规章制度。CGL认为，我们今天需要的是一种"成年人 vs 成年人"的管理文化，我们需要越来越多的尊重、信任与放权；我们需要的是员工的主观能动性与潜能的激发与释放，而不是被动的、单向的发号施令与被制度束缚。

作为一家创业五年发展至700多人规模的专业服务公司，CGL一直用企业价值观来治理公司，而不是用规章制度来管理公司。

企业价值观，即做事的价值判断标准，也可以理解为企业的游戏规则。大道至简，作为业务导向型的公司，CGL一直坚持的企业价值观是"专业专注，合作分享"。

从外部视角来看，CGL的企业价值观是"专业专注"。站在"客户视角"，专业服务公司的"专业"是指：了解客户的行业，能准确理解并及时响应客户需求，快速、精准、高效地匹配客户需求并完成服务交付；专业服务公司的"专注"是指：以客户需求为中心，敏捷、高效地回应客户的需求与建议，坚持以专业服务创造客户价值，聚焦于自己团队的市场定位与业务发展战略。

"专业"的人做专业的事。在客户满意度调查中，有86%的客户认为CGL顾问能深入了解其业务及人才需求，同时有83%的客户表示CGL顾问能给到他们客观的专业建议。我们希望CGL的每一位顾问都能持续保持专业的业务能力为客户提供价值服务。

"专注"让成长更快速。CGL共有70多支团队专注于医药健康、互联网、新消费零售、金融、前沿科技、智能制造、芯片半导体、汽车等多个领域。CGL长期深耕在各垂直领域，积累行业经验，让成长更快速。

从内部视角来看，CGL的企业价值观是"合作分享"。没有完美的个人，只有完美的团队；只有团队通力合作，才能真正满足并服务好客户。CGL要求一种健康、平等的合作关系，不论是年轻顾问和资深合伙人的合作，还是小团队和大团队的合作，相互都是平等的。CGL鼓励顾问和顾问以及团队和团队之间，形成合作网络，如以项目交付为中心的敏捷式合作、以长期稳定协作为目的的战略式合作等。"心存感恩、相互欣赏"，合作是一个协作共赢、相互成就的过程，因此，我们应该彼此欣赏，发现对方的优势和长处，强强联合、互补合作、相互感恩、共生共长。

越"合作"越成功。CGL目前有46%的收入是来自跨团队、跨行业、跨地域的顾问团队之间协作完成的。许多顾问通过不断合作的业务模式踏上了晋升之路，取得了一次又一次的阶段性成功。

越"分享"越快乐。团队的核心竞争力不仅是个人核心竞争力的简单累加；为了促进团队核心竞争力矢量叠加，CGL鼓励团队内研习分享、学习交流，坚持打造学习型团队，提倡知识共享，促进每个人的快速成长。公司同样也鼓励面向全体CGL成员的分享，通过分享最佳实践帮助别人成长的同时，也广结善缘，有利于构建自己的合作网络。CGL平均每年会有近400场对外对内的分享培训。赋能客户以及行业的同时，在内部构建起良好的互相分享学习的氛围，把快乐和经验传递给每一个伙伴。

CGL刚成立时，合伙人团队之间按行业领域来划分，强调要深耕各自的细分领域。但是，这种做法把内部切割得过细，就等于切分了内部的利益，导致各个团队只关注自己的利益，根本不关心客户利益，出现山头主义的做法。于是，公司决定打破山头主义，从客户利益出发，强调合作分享。首先，客户开放，不能垄断。某个团队开发了一个客户，并不意味着这个客户只属于这个团队，在协商后，其他团队也可以参与这个客户的项目。其次，内部资源开放，不同团队的成员可以为彼此的项目工作。合力完成客户的项目后，总得有利益分享，这样才能鼓励更多的自主合作。为此，CGL出台了一套利益分配机制——"1126原则"。

"1126原则"正是CGL用"企业价值观"来治理公司，而不是用"规章制度"来管理公司的最好体现。

"1126"指代四个分配比例——10%、10%、20%、60%，它们分别对应一个猎头项目通常包含的四个环节：签订客户合同、签订具体职位合同、客户对接、对接候选人完成职位交付。具体而言，比如一个猎头项目完成后的总收入是100万元，那么跟这个客户签订猎头总服务合同的人，可以获得10%的业绩，即10万元。猎头总合同往往并不包含客户要寻找的具体岗位。如果谁跟这个客户谈妥了一个岗位，签了一份具体岗位合同，同样可以获得10%，即10万元的业绩。如果总合同和岗位合同是一个人拿下的，那么这两个10%就都归他。

岗位合同签订后，接下来就是项目的执行。在执行阶段，有两个事情要做。一个是项目经理要做的客户对接，包括跟客户确认对候选人的具体要求，协助商谈岗位的薪酬，甚至后期追讨应收款等。另一个是寻找符合客户要求的候选人。负责客户对接的项目经理，可以获得20%的业绩，即20万元。负责寻找候选人并完成最终入职的顾问，则可以获得60%，即60万元。如果签订岗位合同的人决定自己做这一单，那么完成项目的执行交付后，他就可以获得10%+20%+60%，共计90万元的业绩。他也可以选择自己做项目经理，跟客户对接，然后把寻找候选人的事交给别人来做，这样，他自己再拿20%，把60%留给别人。当然，他还可以选择把项目执行阶段的两件事都交给别人来做。

"1126原则"只是一个基本的规则，里面的利益还可以细分，只要大家达成一致就行。比如，找人选的事可以交给两个人做，到最后，看谁推荐的人选被客户认可，或者谁推荐的人选更多，确定这个60%是二八分、三七分，还是四六分。当然，也可能出现双方谈不拢的情况，这时候，可以找CGL的仲裁委员会仲裁。"1126原则"告诉大家在整个价值交付的过程中，每个人的贡献是多少。

事实上，"1126"不仅仅解决了利益分配问题，还使得猎头顾问的能力模型发生了变化。在参与猎头项目的过程中，有些人找到了自己擅长的领域，开始专注于某一个环节。比如，有些高级合伙人专门签大合同和具体岗位合同；有些合伙人和资深顾问擅长客户沟通，就专门做项目经理；年轻顾问则大多找人选。

CGL内部的自协作，不只体现在跨团队上，还有跨地域合作。2020年初，新冠疫情暴发。CGL受到的一个显著影响是，当年2月份的回款锐减，从每年同期的2 000万元骤降至500万元，难以支付公司的经营成本。面对挑战，CGL果断采取多种措施，包括把回款放在首位，利润和业绩次之；下调年度业绩目标，减少各个团队的压力；强调分公司之间的合作。CGL的团队、客户资源和项目都分布在各地，在疫情封控下，可以通过优化资源和跨地域合作，提升对客户的交付。

当时，CGL上海团队因为实行在家办公，无法很好地实现客户交付。于是，受疫情影响较小的成都分公司、苏州分公司等，在项目交付上给予了很大的支持。他们通过电话、视频等远程方式，在全国各地寻找候选人并进行面试，然后推荐给上海分公司的客户，完成项目交付。就是通过这样的跨地区分公司合作，使得在当年5月份，上海分公司的业绩逆势增长100%。当然，成都分公司、苏州分公司等因为项目交付执行，获得了60%的业绩分享。这种异地合作交付的方式，也在疫情的催化下，变得成熟起来。以成都分公司为例，现在每年五六千万元的业务中，七成都不是本地的项目，而是协助北京、上海、深圳、杭州等各地分公司寻找候选人，做远程面试，最后交付客户。

如今，CGL跨团队跨区域的项目合作达到46%，也就是说，10个项目里面，有至少4个都是不同团队、不同分公司一起完成的，甚至有年轻合伙人加入三年多都没开发过一个客户，只是通过跟其他合伙人团队合作做项目也完成了几百万元的创收。

"1126原则"仅为指导意见，CGL鼓励合作与分享，鼓励合伙人间、团队长间本着责任共担、利益共享的原则，通过沟通和交流来解决合作中的利益分享问题。合作分享是CGL的底色，在合作中互相支持与尊重，在分享时多考虑合作方的价值和利益，着眼职位交付，着眼客户体验，着眼长期合作，是公司一直倡导和支持的。

CGL倡导"财散人聚，财聚人散"的利益分享文化，公司追求长期的共赢。我们寻求的是什么对客户及CGL全局最优，而不是什么对某个个体或小团队局部最优。分享并收获，坚持成长心态，做一个出色的合作伙伴。

横向组织的团队自生长六大法宝

合伙人和年轻顾问构成了CGL的核心资产，同时他们又是典型的知识型人才，具有显著的独立自主意识。所以，如何对他们进行管理，激发他们的能量和自驱力，使各个作为基本业务单元的合伙人团队能够自我成长、实现生存和发展，成了CGL一直思考的问题。我们认为，激发员工的自驱力，让他们自己想干，才是最重要的。

基于人性洞察的简单管理，CGL形成了团队自生长六大法宝的行动指南（见图3-1）：

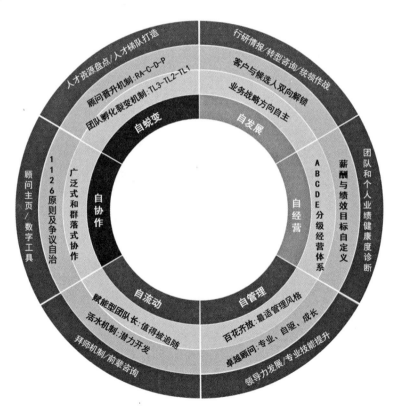

图3-1 团队自生长六大法宝行动指南

自发展：自驱成长，发展无限

在CGL，在透明公平的激励机制和晋升机制下，无论是合伙人、顾问还是团队，成长和发展都依靠自我驱动。顾问和团队长可以自主选择并决定自己的发展方向，体现在个人或团队的业务发展上就是业务战略；这一规则背后的指导思想就是"选择自由"。为此，每一位顾问和团队长都需要有准确的市场定位、清晰的业务发展战略和路径，以及自己团队清晰的使命和愿景，并在价值观层面体现出对战略的专注。

基于"自发展"，CGL设计了顾问自动晋升、快速晋升制度；同时，对于客户与候选人资源，CGL采取了双向不锁定的政策，这与其他专业服务公司尤其不同。CGL希望每一位员工在公司平台上都可以自我成长、发展无上限，快速获得成功。

基于"发展无上限"的思考，CGL放开合伙人团队的发展边界，"你有多大能量，就打造多大的团队"。现在，CGL最大的合伙人团队有30多人。对于一个这么大的团队，再发展下去，一个可能的选择是独立成为一个子公司、子品牌。

成为子公司，不就成了CGL现有团队的竞争对手了？对于这个疑问，CGL的想法截然不同："正是因为有这样的竞争，我们才可能无限地拓展我们的客户市场。"在专业服务领域，有一个潜规则是，你一旦签了一个客户，就不能再签同行业的其他客户，因为不同客户之间存在利益冲突。也正因为如此，全世界高端猎头公司中，没有一个品牌的市场份额超过2%。所以，CGL想要创造这样一个竞争格局，在集团下面成立不同的子公司、子品牌，正是为了维护客户的利益。比如，广告行业就是这样做的，WPP、阳狮、奥姆尼康等全球知名广告传播集团，每一家都拥有几十个子公司。这些子公司之间充分竞争，甚至相互挖人。

发展无上限的另一层含义是，合伙人团队的数量没有限制。目前，CGL已有70多个合伙人团队。但庄华有时候开玩笑地说："你搞了一个团，你就是团长，你搞了一个军，你就是军长。公司作为平台，就负责赋能给你。"

现在CGL年营收最高的单个合伙人团队约5 000万元。而公司组织委员会最近在开会讨论，计划打造一个亿级营收的团队。要知道，在中国营收达到亿级的猎头公司才只有十几家。

在"自发展"的组织创新上，CGL形成了以下两个非常重要的关键实践：

1. 业务战略方向自主

CGL每个业务团队都专注于一个行业，但行业总在变化。比如，某些行业进入了慢周期，某些行业进入了快周期。所以，CGL鼓励每个团队长从自己的观察和考量出发，调整团队的行业专注度。

顾问和团队长有业务战略方向自定义的自主权，业务方向即为业务领域的定位。找到自己清晰的定位，并构建基于定位的认知、能力、资源优势。对外有利于客户拓展和项目交付，对内有利于跨团队合作，增强标签认知和识别，容易形成互补合作，以及促进战略合作网络的形成。反之，不清晰的定位，以及基于机会主义的盲目跟风，也不符合CGL所倡导的"专业专注"的核心价值观，对外缺乏积累和竞争力，对内产生更多竞争防备阻碍合作。因此，我们倡导方向自主，倡导战略专注。

如果某个行业变得很热，不少团队都想进入，怎么办？对于这种情况，CGL的态度是，"管理层尽量不介入，但会做一些提醒和疏导"。比如，2021年底，半导体芯片行业一下子热起来，很多团队都抽调了一些人，准备组建芯片团队。虽然CGL觉得他们对于行业的判断是对的，但是从公司整体考虑，突然有那么多团队要组建同样的新团队，肯定是不妥的。这种情况下，管理层会介入跟团队沟通，比如，让想进入这个行业的团队，与实力都很强的上海及苏州的芯片团队，共同建立一个紧密合作的机制，而不是另建一个芯片团队。在管理层的疏导下，有的团队取消了计划，但也有的团队仍然坚持要建芯片团队，公司也表示尊重。

CGL的指导思想是去中心化，对于自下而上的创新想法，希望能给予更多的空间。

2. 客户与候选人双向解锁

业务战略方向自主落实到具体的客户和项目操作上，CGL在客户和候选人两端都采用了双向解锁机制，也就是客户不锁死，所有团队都可以为客户提供服务。如果锁死，则意味着方向自主权的失效，最终形成"走自己的路，让别人无路可走"的局面，而早先占有客户和候选人资源的则形成先发优势，阻断了后来者的发展之路，这种资源垄断会让整个平台失去未来。任何希望形成资源垄断或者资源占有的利己行为，都是在损害其他所有人的发展空间，损害整个平台的未来。同时，客户与候选人双向不锁死，也更加有利于高效完成客户服务交付，更好地创造客户价值。

针对团队"自发展"，CGL平台从以下几个方面进行赋能：

（1）行研情报。为了让业务团队市场拓展更具有机动性和敏捷性，CGL的中台团队一直在加大行业研究的投入，输出更高质量的行业研究报告。同时对重点领域、产业、行业、企业做动态跟踪研究，汇总相关投资并购上市、市场扩张收缩、高管人事变动、招聘裁员等相关数据和资讯，打造成体系的行研资讯情报，以便相关业务团队能及时敏捷地作出响应，博得先机。

（2）转型咨询。由于行业周期规律、政策调整影响，以及疫情等特殊因素，某些领域行业出现需求断崖式下滑，业务团队面临不得不转型求生存的挑战。为此，CGL中台提供业务转型咨询服务，提供基于行研能力的市场研究、政策研究、影响因素分析，为业务团队提供有效的建议；帮助其梳理适合的业务战略，倾斜公司层面相关市场资源，并整合其他相关业务团队形成协同支援力量，帮助团队顺利转型成功。

（3）统领作战。对于通过行研被集团锁定为战略性的行业和领域，因为以各个业务团队分兵作战的模式效率不高、合力不强，所以CGL会在集团层面来组织统领作战。为此专门成立BD（Business Development，业务拓展）特攻队、设立KA（Key Account，重点客户）联合作战小组，从集团层面与客户构建战略性合作关系，再以各个相关业务团队分配项目完成交付的合作模式，构建一种集中BD作战、团队群体高效交付的特种作战新模式。并且CGL还在不断探索能打胜仗的好模式，构建多种作战模式协同的立体战法。

自经营：分级经营，自定目标

CGL合伙人团队拥有自主经营的权利，自己管理盈亏情况，调整经营方向，优化团队规模。跟常见的合伙人制一样，CGL的合伙人团队也是自负盈亏的，但不一样的是，他们的自负盈亏是虚拟的。亏损了，业务团队不需要掏钱，由公司来保底，因为猎头行业的顾问人群厌恶高风险。但是，这样一来，就给整个公司的盈亏管理带来了挑战。为了把控合伙人团队的经营情况，CGL对团队实行分级经营，并形成了ABCDE五级经营风控的体系。

个人顾问如何经营好自我？团队长如何经营好团队？由于CGL业绩导向的基本文化，因此，业绩目标就是公司经营的靶心。每一位顾问和团队长围绕业绩目标的提升和突破而展开工作，目标的达成就是个人和团队的成功，而每个人、每个团队的成功就是平台的成功，因此，支持所有人成功也是平台的基本思想。平台将不断对个人和团队长赋能，帮助其达成自己的目标。

基于"自经营"，CGL鼓励顾问和团队长自定薪酬与业绩目标，并设计了支持团队长稳健经营的ABCDE分级经营体系来控制风险。如果目标制定采用的是自下而上的方式，那么员工的自主性将相应得以增强。此时，员工因主动参与了目标制定的过程，目标是自己定出来的，而不是被强制分派的，因而对目标的意义有较深刻的理解，对目标的认同感大为加强，动机水平也就提升到了较高的一种状态。

在"自经营"的组织创新上，CGL形成了以下两个非常重要的关键实践。

1. ABCDE财务评级自经营

由于猎头行业自身的独特性，在营收上公司有开票收入、回款收入，不同行业的客户账期可能还有差异。公司如何去科学评估团队的财务健康情况，如何合理规划团队和业务发展的目标和节奏，合理控制经营风险？ CGL摸索出了一套行之有效的财务评级自经营机制，基于应收账款和现金流等要素为团队评级，分成ABCDE五个等级，并给出合理控制风险的经营建议。

每个月度、季度、年度，CGL会对所有团队进行考评，确定他们的级别。不同级别，享有的待遇也不同。A级最好，团队的开票、现金流、利润等指标都是正的，他们可以扩充团队，招兵买马，加大团建活动预算。如果考评是D级，就表示这个团队的经营出现亏损。这时候，财务部会给他们出具一个分析报告，告诉他们降本额度，然后由团队自己决定怎么降。当然，团队也可以寻求帮助，财务后台和中台团队会提供一些选择让他们自己决定。

比如，团队要降本3万元，可供选择的方式包括：团队长自己降薪3万元；团队共有5人，每个人工资都降一些，团队长领头降1万元，其他成员每人降5 000元；团队成员中有两人表现一直不佳，利用这个机会裁员减员、优化团队等。如果考评是E级，团队就地解散。当然，如有其他团队想要的，也可以去其他团队，其他团队都不要的，就只能离职了。

ABCDE分级经营体系是CGL合伙人制中很重要的盈亏自主管理体系，有力地支持了团队长们对自己所领导团队的科学管理。

2. 薪酬标准与业绩目标自定义

不论是对顾问还是对团队长，在薪酬激励上，CGL形成了一套完善的底薪与奖金分配制度。顾问底薪的部分可以在一定的范围内，根据自己的需求进行自定义，但基于一个基本规则，即业绩目标必须是底薪的5倍以上，以此作为底薪自定义的前提。部分公司对奖金形成了统一的制度规范，顾问个人奖金包括基本业绩提成、超额奖励、大单奖励等。团队长奖金包括团队利润分成、师傅合伙人奖励等。

CGL的激励政策是透明的。合伙人在加入CGL后，需要打造一个自己的团队，同时按照目前的标准，完成600万元以上的年营收。此外，在行业影响力、公司品牌、个人品牌等方面，合伙人也需要有所贡献。相对上述责任，合伙人作为团队长也享有丰厚的回报，除了上述奖金外，还包括虚拟股权与实际股权的权益性收入等。

以前，在专业服务行业，有一个说法叫"鞭打快牛"。一个顾问很厉害，今年做了200万元的业绩，那么明年能不能做250万元？这种做法在过去可行，但现在年轻人不喜欢，他们需要的是透明、公平。于是，CGL的做法是，把业绩指标跟职位级别及工资挂钩。比如，你是助理顾问，每月工资1.2万元，你的业绩指标就是60倍，即70万元左右。此外，针对团队成员的业绩奖金，CGL对团队长有个不成文的目标要求，即"369"约定。到了年底，团队长要保证自己的队员最起码拿到3个月工资的奖金，这是合格线。优秀线是6个月，10个月是高枕无忧线。"369听起来很俗，但对团队长来说更直观。所谓成人达己，要给'成人'两字加上一些具体的目标。"

针对团队"自经营"，CGL平台从以下几个方面进行赋能：

（1）团队业绩健康度诊断。基于ABCDE财务评级自经营机制这一有效实践探索的启发，CGL正进行升级设计，迭代出一套"团队健康度诊断体系"。公司将根据不同发展阶段、不同规模、不同行业领域、不同城市区域的团队财务数据进行分析建模，制定更科学、更精细化的经营健康度评级指标，以及制定不同指标下对应的经营改进策略参考；对于有需要的团队，公司甚至可以提供经营改进咨询服务，帮助团队回归健康的发展轨道。同时，平台对于陷入困难的团队还会提供必要的赋能和支持。

（2）个人业绩健康度诊断。团队的业绩达成最终也是依赖于团队成员个人业绩的达成为基础，因此，个人业绩的健康度决定了团队财务健康度。同样是基于ABCDE财务评级自经营机制这一有效实践探索的启发，CGL认为有必要设计一套个人业绩健康度评级机制，以对个人业绩目标设定、业务节奏调整、薪酬制定策略等作出敏捷提醒和指引。当这一机制实践成熟时，甚至可以考虑研发一套软件系统，将个人和团队的财务数据打通，每个人可以实时看到自己的业绩数据情况、薪酬预测、奖金预测。当个人业绩预期出现问题时，团队长可以及时干预，为下属提供指引、帮助和支持，以使其业绩状况回归健康轨道。

自管理：自主管理，共建共创

CGL把每一位顾问、团队长当成心智成熟的成年人，给予充分的尊重和信任，希望每一位顾问、团队长也是基于自律和自驱，并借助CGL这个平台的支持，追逐自己的梦想，开创自己的事业。因此，CGL尽可能精简不必要的制度和流程，去除"纵向组织"中的种种繁文缛节，强化"业绩导向"的工作重心，并充分放权给团队长，让他们自己决定团队的管理模式。

团队自主管理的目标就是服务好客户，高质高效地做好交付，成为客户的TA，这里的客户包括企业雇主和候选人，这也是CGL的基本思想之一。

自管理有两个好处：

一是能够创造一个上下同心、上下同欲的有利环境。自管理并不是说公司没有任何管理，而是说不是公司说了算，是公司上下一起共创共建，制定一些简单的规则，达成一种共识。

二是能够降低管理成本。由于合伙人团队实行自管理，所以公司管理层团队很小，公司所有不承担营收指标的部门也非常精简。比如，市场部和财务部都只有3人。所以，公司整体的管理成本很低。管理层甚至还有时间到一线做业务。比如，创始人老P自己每年就要完成150万元的业绩指标。庄华主要负责签大合同，按照"1126原则"中10%的利益分配比例，他的合同总金额要达到1 500万元。

当然，即便是自管理，但当团队出现一些状况、无法自己处理时，公司也会适当介入，比如前面讲到的考评降本、解散团队等情况。所以，从另一个角度说，自管理实际上就是在规则明确的情况下，我们知道什么时候管理层该插手，什么时候管理层不需要插手。

此外，"自由"也不是绝对的，有两项例外：① 基于道德、伦理、个人隐私和法律的基本要求；② 基于企业价值观与客户数据/财务数据等商业秘密安全的基本要求。同时，自由不意味着放任，各业务团队自行确定的基本纪律是保证该业务团队运转的重要防线。

基于"自管理"，CGL强化"业绩导向"的工作重心，形成了由团队长决定的多元化、百花齐放的团队管理风格。

1. 由团队长决定的多元化、百花齐放的团队管理风格

对于团队的管理，我们尊重每一位团队长和顾问的个性，不同团队长、同一团队长对不同顾问可能也有不同的管理风格，我们也包容团队长百花齐放的管理风格；但不论什么管理风格，其管理的目的都是一样的——高效率、高质量的专业交付。

对客户尽责、对候选人负责、成为客户的TA，是我们服务交付的唯一目的。

2. 自我管理：成为卓越顾问

对于顾问的自我管理，我们依然要求是以"高效率、高质量的专业交付"为唯一目的，为此，我们要求每一个顾问对自己有更高的要求，都以成为专业敬业、自律自驱、不断成长的卓越顾问为发展目标。

针对团队"自经营"，CGL平台从以下两个方面进行赋能：

（1）领导力发展。CGL平台倡导所有人以成为领导者为发展目标，每个人都拥有不设限制的向上晋升通道。对于即将成为团队长的顾问，需要开始提升领导力，为带团队做准备；成为AD、D的团队长处于带团队的早期阶段，需要学习和应对领导力不足的问题；新晋升的合伙人，独自面临业务扩展和所带团队扩大的压力，需要快速适应并推动业务走向正轨。对于有一定经验的一级团队长合伙人，当业务发展遇到瓶颈、团队发展难以突破时，则面临领导力如何更上一个台阶的新挑战；对于一部分大团队长，业务规模暂时领先，但仍然遇到诸如"如何吸引更优秀的人才加入、如何为团队发展赋能、如何成为更有影响力的名副其实的领导者"之类的问题……

处于不同发展阶段的团队长，需要不同段位的领导力，解决团队管理的各种问题，带领团队不断成长。为此，CGL构建了一套成体系的领导力发展课程，帮助所有团队长不断突破、蜕变成为卓越的领导者。

（2）专业技能提升。对于每一位CGL的员工而言，我们首先应该成为一位卓越的顾问，保证服务的专业度，保证服务输出的高交付；我们需要具备工匠精神，在专业能力的提升上不断精益求精。为此，CGL针对不同职级的顾问，从RA（research assistant，助理研究员）到SP（senior partner，高级合伙人），分阶梯地打造了一套专业能力提升学习发展体系。

自流动：自由流动，开创机会

每一位员工都拥有成为最好的自己的权利，拥有自由发展的权利，我们鼓励向优秀者学习，鼓励与更多优秀者建立链接，鼓励更广泛的合作。顾问拥有选择团队、自由流动的权利，顾问有权选择更能帮助自己成长突破的团队长；这种自由流动的目的只有一个——就是成长突破。

员工享有自流动权，对于团队长而言，这也是一种倒逼突破，突破的是带团队的能力、领导能力、赋能团队的能力、持续成长迭代的能力；成为更优秀的团队长，也能吸引更多优秀顾问的加入，更多优秀顾问的加入又要求团队长变得更优秀。这种自由流动的权力，为顾问创造了成长突破的有利环境，为团队长创造了成长突破的动力和契机。

因此，我们要求团队长成为员工的TL，要求团队长找准自己的角色定位和价值定位，团队长需要同团队分享成长经验、分享资源、分享利益，同时还能维护好与团队成员的平等合作关系，成为团队成员愿意追随的领导者。

基于"自流动",我们设计了"活水计划",提倡全国办公室全员共享，鼓励顾问们能够不断突破个人发展瓶颈，在平台内部自由流动。

1. 活水机制

CGL 是一个全国性、多城市布局的平台型集团公司，我们可以满足顾问在不同城市、不同办公室、不同团队、不同职能自由流动的需求，让顾问拥有更多的选择和自由，以提升职业幸福感。这种自由流动的机制设计，其宗旨在于让每一个人成就更好的自我，由此而创造更好的环境和契机，激发潜力的开发，实现能力的突破，成就自己的事业。这也是 CGL "把每个人当作心智成熟的成年人看待，赋予其充分的尊重和信任"这一思想的重要体现。CGL 不允许任何人出于私利考虑，而影响这一思想和机制实践的行为。

基于"活水计划"，CGL 允许顾问甚至合伙人团队，在不同团队、不同分公司，甚至不同地域之间自由流动。合伙人在组建自己的团队时，可以从其他团队招募顾问，只要你情我愿，顾问就可以流动到新团队。即使过了一段时间，顾问觉得自己不适合这个团队，或者因为其他原因，想离开这个团队，只要其他合伙人愿意接收，他就可以加入另一个团队。

CGL 在上海、北京设立分公司时，哪几个合伙人团队归入一个分公司，并不是由公司决定的。物以类聚，人以群分，大家都自由选择，哪些团队合得来，哪些就组成一个分公司。当然，如果有团队后来想搬到另一个分公司，只要对方分公司愿意，他们就可以搬过去。这种事经常发生，主要原因有两个：一个是交通问题，搬到另一个分公司，可能对大部分成员来说交通更方便；另一个是人际关系的问题，跟原来分公司的团队合不来。这些都没问题，CGL接受这种多元的选择。

为了合作和市场机会，有的团队甚至会把自己的成员流动到其他城市的分公司。比如，上海有个医疗行业的团队就把自己3位成员常驻外派在成都分公司。他们这么做，成都分公司非但不嫌弃，还很欢迎。一方面，他们3位给成都分公司带来了额外营收。对于这样的异地常驻，CGL实行双边入账，他们3位的业绩既列入成都分公司，也列入上海团队。另一方面，他们帮助成都分公司在当地市场打造了存在感。通常，异地团队所在的行业线，跟当地分公司不会存在竞争。成都分公司没有医疗行业线，所以他们很开心有个医疗小团队到成都开拓市场。

2. 赋能型团队长

不得不说，顾问的自由流动机制，给团队长带来了极大的挑战。对于传统"纵向"管理模式的公司而言，领导者的职级在管理上天然带有职级赋予的权力，这种权力能对下属造成威慑力和控制力；然而管理学的演化方向正在从"控制"转向"赋能"，CGL选择与时俱进、顺应时代趋势，倡导打造自驱型组织。这种自驱型组织的管理，不依赖于职级权力对下属的威慑和控制，而是默认和尊重每一个人都是自驱引擎，领导者用魅力取代威慑，用吸引取代控制，构建团队凝聚力，激发团队战斗力；领导者从管理者角色转变为赋能者角色，为下属提供战略方向上的指引，业务资源上的分享，专业技术上的提升，领导能力的构建，团队的打造，业绩的突破，职级的晋升。

活水机制在赋予顾问追求最好自我的同时，也在倒逼团队长成为更好的领导者，当然，成为更好的领导者自然也会吸引更多优秀的顾问来到自己身边。有人可能会怀念职级权力带来的舒适感、优越感，而对活水机制有抗拒感，但在时代大趋势面前，没有人能阻碍车轮滚滚向前。为了在CGL这个平台上更好地发展，每一位团队长都需要成为赋能型领导者。

针对团队"自流动"，CGL平台从以下几个方面进行赋能：

（1）网络链接。自由流动固然是很好的机制，但自由流动背后的根本目的是什么？其实是增加了与优秀成员的深度链接，因此，流动不是目的，链接才是目的，流动也只是实现链接的一种形式，还可以有更多元、更灵活的链接形式。CGL今天在不同团队之间已经有了很多的合作，但合作的前提也是基于人与人的链接而发生的，这种链接把团队的孤岛交织成协作的网络。CGL接下来还需要创造一个更强大的协助网络，把CGL的高交付能力、业务竞争力提升到一个更高的水平。为此，公司将尝试更多可能的链接形式，把需要成长和突破的人与更多更优秀的人建立深度的链接关系，让这些优秀的人为其赋能，帮助其快速成长、快速突破，使其成为更好的自己。

（2）拜师计划。CGL倡导和鼓励顾问在自己团队长以外，寻找更多值得学习的榜样，与其协商结交为师徒关系，并自行协商约定好权利和义务，在公司做报备，以确保这一协议实行的有效性。

（3）前辈咨询。有突出能力的资深顾问和团队长可以将自己的赋能能力对所有人开放，并将其产品化，为其他人提供咨询服务，有需求的人也可以与之协商约定好权利和义务，在公司做报备，以确保这一协议实行的有效性。

自协作：自主合作，利益共享

猎头行业的特点决定了人才交付的质量和效率才是真正的竞争力所在，而要在最短的时间内完成交付闭环，每个人都需要更广泛的合作，甚至构建自己的协作关系网。这也形成了一个共生共创的创业孵化土壤，一个个体顾问能借助协助网络形成业务闭环养活自己，一个小团队可以借助合作网络实现生存和发展壮大，一个大团队可以借助合作网络提升效率、扩大业绩规模、提升市场竞争力。因此，合作成为CGL最核心的价值观之一，自协作也成为团队长和顾问的生存和发展之道。

基于"自协作"，CGL设计了"1126原则"等指导原则，并提倡团队长和顾问们在以客户为中心的基础上，加强内部协同，秉持"规则不够沟通来凑"的敏捷协作原则，希望给大家适度弹性以便能够通过协作和沟通完成高效的客户服务交付。

在"自协作"的组织创新上，CGL形成了以下两个非常重要的关键实践。

1. "广泛式"和"群落式"两种协作模式

CGL目前的团队协作模式还在演化的早期阶段，目前是以项目为中心的随机合作为主，我们称其为"广泛式合作网络"。

大多数业务团队的专业领域不够聚焦，业务边界不够清晰，虽然这增强了跨团队合作的可能性，增强了团队的生存能力，但从长远来看，这会导致团队业务比较分散，不利于形成团队的核心竞争力，而且会降低跨团队合作的互补性，增加合作竞争和摩擦。这种随机合作的广泛式模式，对于业务尚未成熟、战略尚未锁定、仍处于生存探索阶段的团队来说，是非常有利于生存和发展的模式。CGL鼓励处于这个阶段的团队，扩大横向的合作面，快速探索出自己的生存空间和发展道路，尽快让团队走上一个战略专注、做深做精的健康发展轨道。

而对于战略专注清晰、业务稳定的团队，其发展目标应该是扩大专注领域的市场份额，提升市场集中度。CGL鼓励处于这个阶段的团队，开始逐渐构建自己的战略合作网络，找到更多互补性更强的团队，签订战略合作协议，形成稳定的合作与分配机制，构建长期的战略合作关系。这是CGL协作模式进化的第二个阶段，我们称其为"群落式合作网络"。

CGL平台本来就是一个共生共创的团队创业生态，这个大生态中必然会演化出不同规模体量的群落，群落内的团队处于一种高频的强合作关系，群落以外的是一种低频的弱合作关系，一个群落里面包含大大小小的团队，每个团队都能找到自己的位置。创立初期的小团队可能游离于不同群落之间，寻求更开放的合作，也可能加入一个群落开展更紧密的合作；而成熟的大团队必然是一个群落里面的主要玩家。在一个健康的群落里面必然会形成和谐的自治机制，不和谐的群落也可能走向衰落和解散，而后重新形成新的群落。这是CGL团队合作即将成型的组织形态。

2. "1126原则"分配机制

为了促进跨团队的合作，CGL形成了"1126原则"业绩分配指导机制。作为一个大原则，"1126原则"基本实现了对合作分配的有效指导，但也出现了一些矛盾和纠纷。"1126原则"分配机制是在为客户提供价值的服务链条中，对每个环节赋予了相应的价值。简单讲，我们对客户BD和人才交付上的总体价值贡献划分比例是四六开，也就是更倾向于交付——这是CGL的第一个原则，也是CGL每个团队的安身立命之本。

CGL是一个非常年轻化的组织，交付也更是年轻人价值贡献的核心体现，因此，CGL是一个更倾向于为年轻人分享利益的平台。CGL将合伙人基于背景、阅历、积累等转化成的客户资源的能量，传递给年轻人，让年轻人快速成长，快速成功。

第二个原则是价值拆解、按劳分配，对于在不同阶段、不同环节产生实际贡献的，都应该获得相应的报酬。这样的分配方式有利于促进团队之间的资源合作和优势互补，有助于CGL平台获取和服务尽可能多的增量客户。

第三个原则是，"1126原则"分配机制在本质上其实是一个分配文化，大家基于前面的两个大原则，在具体的数字比例上进行协商，这个分配文化就是协商分配文化。任何一个希望在CGL合作生态平台上得到生态的营养和赋能、实现快速发展的团队，都必须对"1126原则"有着非常深刻的理解。

关于"1126原则"分配机制的详细阐述，可见前文"用'企业价值观'治理而不是用'规章制度'管理"一节。

3. 解决争议的仲裁委员会机制

目前在CGL的跨团队合作中出现了一些矛盾和纠纷，之前CGL主要从集团层面主导实行仲裁调解，但仍然不能很好地予以解决。一方面是因为我们的合作模式仍在早期演化阶段，团队对"1126原则"分配机制的深刻理解尚未形成共识；另一方面，同时公司在高速发展中，来不及对未来合作模式作清晰有效的规划，很多问题未能从根本上解决。

作组织改进后，CGL升级了仲裁解决机制，构建了由业务团队自治的"CGL仲裁委员会"机制。这是从集团主导走向团队自治的一个转折点，也是一个合适的时机点；但这并不是终极形态，更准确地说这是一个演化的过渡形态。

当未来群落式的合作模式遍地开花时，以群落为单位的治理机制将成为自治解决矛盾纠纷的核心机制；当然，到那个时候，随着协作模式共识、分配文化共识、战略合作机制的不断完善和成型，我们相信，矛盾和纠纷将得以更加高效地缓解，整个组织将形成一种更加健康良性的发展态势。

针对团队"自协作"，CGL平台从以下两个方面进行赋能：

（1）顾问主页。当CGL人数规模不大的时候，顾问和团队之间基于熟悉的人际关系就能展开很好的合作，但今天CGL已近千人的规模，很多人在熟人圈以外已经很难再展开合作了。当未来CGL进一步发展到数千人的规模时，基于熟人关系将更加无法支撑和促进更高效的合作。

为了促进陌生的顾问和团队之间形成高效合作，我们正在构建促进团队和顾问之间快速相互了解的工具，当他们有合作诉求时能快速找到相应的伙伴沟通对接。当然，这时候顾问和团队所专注的业务标签就变得非常重要，专注的标签背后是资源积累、业务认知、专业能力的体现。因此，我们计划开发顾问和团队的主页，顾问和团队可以把自己的背景、定位、优势、特长等信息进行编辑和优化，并提供快速精准的搜索功能、即时通信功能，以实现高效的合作链接。

（2）数字化工具。为了促进更高效的合作，专业服务公司需要什么样的数字化工具？从谷露到才给力，CGL做了很多的实践探索。只有依托先进的工具，我们才能显著地提升生产力，对于数字化工具的探索，我们不会止步。

过去，我们认为客户需求、候选人这些信息的开放，是数字化的第一场景，是最有效促进合作的产品功能；但当CGL团队生态的合作模式从"广泛式合作"演化到"群落式协作"阶段，我们发现"链接"才是数字化的第一场景，而"信息开放"是第二场景。

在之前CGL人数较少的时候，基于熟人关系的合作模式下，信息其实主要是在熟人关系之间流通的，对数字化工具依赖较弱。大家在熟人关系中就消化了合作需求，这是一种更高效快捷的合作方式，使用数字化反而是增加了不必要的环节和工作量。但当CGL接近千人规模时，面对更多陌生的同事，员工们其实是有很大的不确定性和不安全感。一般而言，只有直接熟人关系和其衍生出来的推荐关系不能消化合作需求时，我们才会寻求不安全、不确定的陌生合作；但是此时，熟人关系意味着小范围，推荐关系也很有限，不能高效利用整个千人团队的资源。

因此，"增强链接"才是当前CGL数字化的核心突破点，我们将会基于从"广泛式合作"向"群落式协作"的演化路径，继续研发和设计CGL协作社区。广泛式合作的要求是实现顾问和团队之间的相互了解，快速建立信任和合作关系，比如，开发顾问主页的产品解决增强链接问题；群落式合作的要求是，形成群落的小社区，在小社区内实现业务信息的安全共享、高效流通。当然，群落社区也有自己的治理机制，以规范行为、避免冲突，从而造就一个相对更熟悉、彼此更信任的高密度合作环境。信息共享有规则作为保障，有治理机制规范和约束行为，有战略合作协议约定利益分配，有基于数字合同直接计算业绩等。最终，这一群落社区成为CGL的一个工作平台，这将是CGL数字化的大战略方向。

自蜕变：自主晋升，裂变创业

CGL合伙人团队有大有小，目前最大的是30多人，最小的是1个合伙人加3个成员，这也是最起码的团队规模，叫三人成团。合伙人团队的业绩要求是年营收350万元，高级合伙人团队是600万元。CGL非常鼓励团队长把自己的顾问培养成新的合伙人，孵化出新的合伙人团队，并制定了相关的考核。一位合伙人只有在自己的团队里孵化出新的合伙人，才有机会成为高级合伙人和一级团队长。他直接管理下面的多位二级团队长，再由二级团队长管理自己团队的顾问。

在内部裂变创业方面，CGL有一个体系化的布局。目前，整个国内猎头市场的容量大概在1 700亿元。CGL现在做的是最上面的200亿元的高端市场。中间是500亿元的中端市场，大部分国内猎头公司就瞄准于此，客单价在6万元到8万元之间。再下面就是1 000亿元的市场，CGL称之为技术类市场，主要是猎寻工程师。在中端市场，CGL已经孵化了TTC子公司。跟CGL"顾问+数据"的经营模式不同，TTC采用的是"数据+顾问"，更多是对数据和科技工具的应用。而对于1 000亿元的技术类市场，CGL打算建设一个纯粹的"数据+科技"的招聘平台，并且正在孵化一个叫DEEPIN的团队。CGL的孵化创业主要围绕这三块大的市场展开。

CGL从过去的业务倒逼成长，到接下来的成长驱动业务突破，追求个人的成长蜕变将成为团队发展的主旋律。因此，CGL强调快速成长的文化，让年轻顾问快速成长，走向成功；让团队长快速成长，走向卓越。CGL对于年轻人的职业发展不设限制，上不封顶，基于业绩导向文化的目标达成即可晋升，因此，创造了一个公平透明的发展环境。在下一个五年，CGL不仅要求业绩的达成，更强调能力和素质的全面提升，以实现更稳健和长足的发展。

在"自蜕变"的组织创新上，CGL形成了以下两个非常重要的关键实践。

1. 顾问自动晋升

在一家传统的公司，越往上，晋升的机会是越小的，向上的发展空间是逐渐收窄并封闭的。然而这不是CGL所希望的，CGL希望每个人都能成为最好的自己，成就自己的事业。因此，CGL是基于业绩导向的公平、透明的晋升机制，CGL鼓励而非限制，开放而非封闭，在职业阶梯上从RA到SP，每一个顾问职业晋升上不封顶，发展机会均等，并且有足够大的市场容纳CGL的快速扩张，有足够大的市场容纳所有人的发展空间。

一个合伙人的业务团队里面分不同的职级，在作为团队长的合伙人下面，有总监、副总监、高级顾问、顾问、助理顾问以及研究员。不同职级反映的既是团队成员的资历，也是他们的业绩产能水平。在合伙人以下，所有人的晋升都是看业绩。只要业绩达到上一个职级的水平，就自动晋升，不需要合伙人或公司的批准。

实际上，一个顾问的晋升过程，基本上也是沿着"1126原则"的各个环节逐步向上的。大部分顾问最初做的都是对接候选人，然后随着经验的积累、技能的提升，慢慢升级到对接客户。在这个过程中，顾问的业绩会越来越高，职级自然也就上升了。如果升到某个职级，但接下来没有完成该职级相应的业绩指标，会怎样？CGL现在的政策是，不会降级，但会降薪。从人性考虑，CGL觉得要尊重顾问，毕竟这个行业是有周期性的。不降级，给了面子，但不能里子也给，所以会降薪。不过，一旦业绩水平恢复，薪资马上会调上去。

近五年多的时间，CGL业绩导向的自动晋升机制，使大量年轻人职业快速发展和事业的突飞猛进；当然也会发生一些快速晋升带来的问题，尤其是管理能力跟不上业务发展的需求、能力和职级倒挂等，但这并不妨碍CGL依然坚持业绩导向的晋升文化。我们可以增加一些辅助性晋升条件，让顾问晋升变得更稳健。但要从根本上解决问题，我们需要的是能力提升的赋能机制。

什么才是CGL最好的晋升模式？通过实践观察，我们发现基于业绩驱动的职业晋升，产生了能力与职级倒挂，进而迫切性倒逼能力提升。如果我们不能在能力提升上赋能，这种晋升模式将产生一系列问题，如果我们能够建立起能力提升的赋能机制，那么将形成一个驱动职级晋升和能力发展的正循环闭环。因此，"业绩导向的晋升机制+能力提升的赋能机制"构成了CGL最佳的晋升模式，也是CGL的组织竞争力所在。

2. 孵化裂变

CGL为什么有团队孵化裂变机制？其一，是因为猎头行业的人效是有极限的，整个行业的人均年业绩还不到30万元，而CGL在90万元左右，优秀顾问个人做到300万元已经非常难得，如果想做更高的业绩只能依靠团队；其二，高产顾问所拥有的经验和能力如果不能带团队赋能别人，那么这些经验的价值就不能得到更好的利用；其三，CGL鼓励每一位顾问做最好的自己，成就自己的事业，不仅要有专业能力的突破，还要有管理能力的突破，不仅只做Top Biller（顶级销售），更要成为领导者，甚至是成为团队领袖——从个人能打仗升级到能带团队打胜仗。因此，CGL有"三人成组"团队的孵化、二级团队长升级为一级团队长的裂变，实现从个人做业务到带团队做业务，再到独立带大团队做业务的飞跃。这是个人发展的内在需求，更是CGL平台发展壮大的必然路径。

但不得不说，有部分师傅合伙人对徒弟TL2裂变为TL1颇有介怀，虽然平台给予了两年的经济补偿，但终是难以让师傅彻底释怀，也难以在利益上实现师徒双方之间的博弈平衡。徒弟TL2有走向独立发展的内在需求，师傅有在徒弟身上倾注时间、精力、感情、资源，一手培养了徒弟，徒弟走向独立后，师傅的回报感突然消失。这是一个需要正视的问题。但由于每个团队情况不一，团队长投入度不一样，解决起来比较复杂，难以通过一个固定的利益绑定机制来平衡。

接下来，CGL会探索一些引导性的利益绑定机制，这是一个非常灵活的引导协商机制，公司作为中间协调方引导师徒双方形成一个战略合作协议；从之前的团队内部合作关系，演变成团队之间的战略合作协议关系，约定好过去师傅培育投资的利益回报，以及接下来师傅继续支持

横向组织

合作的权利义务和收入分配，形成一种长期性的深度绑定合作关系，让师徒的合作纽带升级延续，实现利益最大化和双赢局面。

对于不断孵化出一级团队的师傅合伙人，在这一机制下，将逐渐形成自己的战略性合作生态，孵化的团队越多，生态版图越大，自身就演化成为一个群落，或者一个群落的核心力量。CGL平台将为这种基于平等协商形成的战略合作，提供实施和维护的有力保障。除了利益回报的绑定，我们还将通过团队长发展赋能，为师傅带团队赋能，降低师傅在徒弟身上的培养成本，增强师傅的孵化能力，可以带出更多的徒弟团队长。整个机制的设计宗旨就是"让徒弟有发展空间，让师傅有未来"，造就师徒从情感到利益的长期共赢。

针对团队"自蜕变"，CGL平台从以下两个方面进行赋能。

（1）人才资源盘点。为了更好地帮助顾问和团队长顺利晋级，CGL将着手开始打造CGL人才发展体系，针对人才特点做好人才发展规划，使人才发展在一个完全可控的状态下按业务发展规划有序推进。公司将按照P序列和M序列两条线，分职级和层级做好人才盘点工作，了解个人职业发展目标规划，根据能力特长特点，发现关键短板、发现职业晋级的突破点，制订职业发展计划，配套成长赋能机制。

（2）人才梯队打造。在顾问层面，首先解决优秀顾问的引入问题，加大优秀人才的招募力度，尤其加大针对初级人才的培养，打造基础人才培养的造血能力。除了业绩以外，制定各个职级晋升的辅助标准，确保顾问职级晋升的稳健性。在整个P级序列的各个层级上最终形成合理的人数分布结构，打造出合理的专业人才梯队。

在团队长层面，注重AD苗子的选拔、发掘和孵化，以提升团队孵化的成功率；对于已经成为二级团队长的团队长，使其快速成长，增强生存能力，扩大业务规模；对于业绩达标可以升级为一级团队长的二级团队长，对师徒展开引导和协商，制订团队孵化裂变计划，使其顺利过渡，走向独立发展道路。

人才梯队打造除了需要顺应业务发展的节奏外，更需要公司层面在专业培训、领导力发展、市场资源支持等方面的赋能支持，以确保顾问的顺利晋升，确保新团队的顺利孵化，确保成熟团队的成功裂变，开启独立发展的新局面。

把"管理权"交给年轻人

让年轻人来管理公司，结果会怎么样？是混乱、无序，还是会带来不一样的惊喜？

传统管理学认为公司管理是自上而下的，拥有成熟经验的管理者是公司健康运营的必要前提。作为专业服务公司，在CGL的发展过程中，我们发现管理并不一定需要非常体系化、复杂化，相反，基于人性洞察的简单管理，让年轻人参与到组织的管理中，共建、共创、共管，会让管理这件事变得更加简单和高效。

1. 成年人不需要管理

什么是管理？在对管理的各种释义中，都离不开"控制"，即通过控制他人来达成目标。但人类的天性是不喜欢被控制，或者说是不喜欢被管理的。

我们一直相信成年人是自驱、自律的。工作不是为了完成绩效指标，工作是一种自我实现。在CGL内部，老板的概念是被弱化的，大家眼里只有客户和项目，一切围绕着客户转，而不是围绕老板转。相比中心化的管控，我们更愿意相信并尊重顾问的商业判断。CGL创立至今，没有过多复杂的管理体系，我们只有一条最核心的"1126原则"，在这个简单规则下，大家自行商量和决策。

自驱带来了效率，但自驱实际上比管理的挑战更大。在一个人人自驱的组织里，公司如果没有价值体现，是很容易被抛弃的。怎么做好公司的价值体现？赋能，给到年轻人足够的"武器装备"；放权，让年轻人自己去决策和探索。

2. 用年轻人喜欢的方式，去解决年轻人的问题

任何组织在发展过程中都会遇到问题。自上而下去解决，也许有效，但可能缺少温度和信服度。问题来自实际的业务场景，因此，我们

更愿意将问题交给一线的年轻人自己去解决。CGL 仲裁委员会^①就是由这样一群年轻人组成的，他们大多是 90 后甚至 95 后。

在遇到需要通过仲裁来解决的业务问题和纠纷中，哪些行为和个人应该被保护和鼓励，哪些又应该是被"惩罚"和禁止的，不是由公司的管理层说了算，而是让年轻人自己去判断、去辨别。因为今天你所面对、所要解决的纠纷，未来某一天你自己、你的团队可能也会遇到，所以在这个过程中，身为仲裁委员会成员，天然就是本着公平的原则去实际解决问题的。

除了公平，年轻人"管理"年轻人，最大的好处就是能用同样的思维思考问题，并在解决问题的过程中实现平等对话。传统管理层向下的管理难免带有施压色彩，被管理者觉得"不服"的时候，不一定敢去反驳，反驳的声音也不一定能被听见。但年轻人处理年轻人的问题，你的任何声音都是能被听见的，大家彼此之间是平等对话的。基于平等基础上的处理结果，更公平，也更容易被接受。

3. 打造一个让年轻人共创共管的自组织

正是自下而上的基因萌生了 CGL 自组织的雏形。随着 CGL 自组织

---

① CGL 内部由员工自下而上设立的三大自组织委员会之一，主要有四个职责：① 商议构建并细化平台相关规则和标准；② 协调处理日常工作中的矛盾纠纷；③ 业务争议案例的上报和备案；④ 终审庭成员将负责业务纠纷的裁定。

的发展，我们看到年轻人对组织的真实需求，也因此将更多地为CGL自组织注入多元性、平等性、包容性和归属感。在这样的一个自组织里，每个人的创新和想法都是可以被看见、值得被看见的。

在CGL仲裁委员会之外，我们还设立了运营管理委员会、组织发展委员会。让年轻人去解决年轻人工作中遇到的问题，让年轻人为组织的发展寻找更多的可能性，让年轻人的价值得到充分的发挥。三大委员会的成立，意味着CGL将极大化地自下而上，组织所有的创新变革、迭代升级，这些不是管理层决定的，而是CGL全体共创的成果。

共创共管，让每个人都能参与到组织发展的每个环节，这样的组织才会有真正的归属感和凝聚力，才会有持久的活力和生命力。

第四章

横向组织的
组织力模型

做客户的TA，提升价值服务和客户体验；做员工的TL，持续支持年轻人的快乐成长。

——庄华（Pierre）

《道德经》中有一句话非常精辟："天下万物生于有，有生于无"，意思是有形的东西取决于无形的东西。企业创始人（创始团队）设定游戏规则等行为背后的无形的东西就是大脑中秉持的"原则"。原则是一系列深层假设的集合，原则决定了组织的核心价值观、运营政策以及组织行为。

我们从CGL的治理与运营机制、横向组织的思想内核中，提炼出来背后的"六大原则"，包括尊重原则、信任原则、共识原则、共创原则、赋权原则和赋能原则，这六大原则让整个横向组织迸发出强大的生命活力。

如果用人类生命体来比喻这六大原则：

——尊重原则就像大脑，为组织发展指明方向和目标，激发组织里每一位员工的自发意愿；

——信任原则就像人心，为组织输送血液，让组织里每一个人充满能量；

——共识原则和共创原则像双手，是推动组织发展的两个抓手；

——赋权原则和赋能原则就像双脚，是组织跑起来的支撑和驱动。

上述每个原则分别对应：组织凝聚力、组织持久力、组织协同力、组织生命力、组织自驱力和组织战斗力，这"组织六力"构成了横向组织组织力模型中的重点部分。CGL基于该组织方法论的实践和不断完善，从而实现了业务连续多年的高速增长，创造了业界奇迹。

结合CGL组织设计的底层逻辑，我们可以将横向组织的六大原则与组织六力归纳为如下模型（见图4-1）：

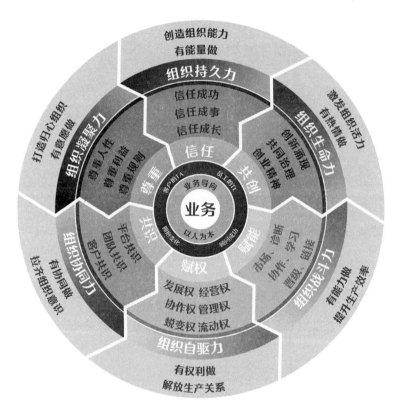

图4-1　六大原则与组织六力模型

　　　　　　　　　　　　　　　　　　　　　　　　横向组织

尊重原则与组织凝聚力

"尊重原则"就像大脑，为组织发展指明方向和目标，激发组织里每一位员工的自发、自主、自驱意愿，形成组织发展的凝聚力。不论市场面临顺境还是逆境，每个人依然愿意跟随组织，同舟共济、共进共退，从而形成一个"人心归向"的组织。

尊重原则的三根支柱分别为：尊重人性、尊重利益、尊重规则。

1. 尊重人性

"尊重人性"，是"基于人性洞察的简单管理"的基本体现。我们对于员工人性洞察的基本设定包括：成熟自主、选择自由、成人达己。

——成熟自主，就是"成年人文化，心智成熟且能够独立自主"；
——选择自由，就是"赋予员工足够的选择权，让其自我规划职业道路和事业发展路径"；
——成人达己，就是"实现客户价值，取得职业的成功、事业的成就、自我实现的满足"。

"每个人都有权利成就更好的自己"——我们认为所有加入公司的员工都是优秀的顾问，都为"成就更好的自己"而来。因此，我们才会有上述三个基于人性洞察的基本设定（成熟自主、选择自由、成人达己），作为组织发展的基本前提。

正因为心智成熟，才能独立自主，才能为自己的选择负责。因此而获得选择的自由，从而有了发展的自由，进而能够按照自己的意愿，追求自己的职业和事业梦想，通过实现客户价值成就自我成长，成就自我事业，获得自我实现的满足。

在具体做法上，我们赋予员工选择的权利。团队长可以自主选择业务方向，CGL在客户和候选人端均不锁定，没有专属权，所有团队都可以承接；团队长可以自主选择基于CGL价值观的管理风格，CGL对团队管理方式没有设限，形成了百花齐放的团队管理风格。

顾问可以自主选择加入哪个团队，此外，CGL还有"活水流动"机制，让顾问可以找到最适合自己成长的团队环境；顾问可以自主选择跨团队、跨地域的合作伙伴，我们鼓励横向合作，很多顾问形成了自己的合作圈。

我们赋予每个人成功的权利。在CGL，每个顾问都有机会成为团队长、成为合伙人及高级合伙人，我们的组织架构设计不是金字塔模式，我们设计的上升通道机会均等、上不封顶。

2. 尊重利益

"尊重利益"——能赚多少钱，由自己决定，很多公司是"既要马儿跑得快，又要马儿吃得少"，CGL 是一家尊重利益分配的公司，甚至是倡导"分钱文化"的公司，员工能赚多少钱，都是由自己决定的。顾问的底薪由自己决定，能分多少奖金由自己决定，甚至能拿多少团建经费也是由自己决定的。

"财聚人散，财散人聚"——CGL 从不避讳谈分钱，作为一家业务驱动的公司，分钱也是核心激励手段之一，我们把大部分收益都分给顾问，让顾问赚到钱，让平台赚到人，我们也因此吸引了一大批行业优秀人才汇聚在这个平台，这使得 CGL 快速成为行业的头部公司。

在具体做法上，CGL 鼓励：

（1）高底薪。CGL 顾问的底薪相比同行都要高，因为都是自己定的；我们有一个"底薪自定机制"，顾问自己确定自己的底薪，同时，业绩目标为底薪的 5 倍以上。顾问可以根据这个机制来定底薪。

（2）高奖金。CGL 有一套标准的、透明的奖金分配机制。顾问的个人奖金包括基本业绩提成、超额奖金、大单奖金；团队长的奖金包括团队利润分成、个人业绩奖金等。在 CGL，顾问真正收入的大头其实是奖金，很多顾问年底分得的奖金是自己底薪收入的十几倍，甚至有个别达到近 40 倍。

（3）高福利。CGL 有一个统一的团建经费制度，达到不同业绩目标对应获得不同等级的团建经费。有很多人说 CGL 简直就是一家网红旅游公司，来公司几年就可以全世界到处旅游。团队可以自己决定如何使用经费，因此员工的团建生活非常丰富多彩。作为一家业务驱动型的公司，顾问工作压力非常大，所以团建活动成为我们最重要的福利与减压手段之一，同时也是公司最愿意投资的员工福利。

3. 尊重规则

"尊重规则"的核心含义，是指基于简单规则来治理公司和团队。CGL有700多人的规模，有近100个业务团队。业务团队是CGL的基本治理单元，经过近五年的探索，CGL已经形成了一个自成体系的简单运营规则体系，以保证一个复杂组织的有序运转；我们造就了一个表面看起来"乱糟糟"，但充满生机活力且业务高速增长的平台生态。

"基于简单规则的自组织"——我们今天需要的是一种"成年人vs成年人"的管理文化，我们需要越来越多的信任与放权；我们需要的是员工的主观能动性与潜能的激发与释放，而不是被动的、单向的发号施令。

CGL旨在打造一个自驱型组织、自管理组织，每一个团队和顾问都是自驱型、自管理型的，我们在给予其充足的施展空间的同时，也需要一套简单规则来确保整个组织的有序发展、稳健发展。

在具体做法上，CGL鼓励：

（1）定则共赢。共赢是横向组织的基本文化之一。CGL在制定规则时，首先要确保"促成共赢的局面"。客户、候选人、平台和团队、顾问整体共赢；团队长和团队成员共赢；顾问和顾问之间、团队之间合作共赢；客户BD和服务交付合作共赢；资深前辈和年轻顾问合作共赢等。

（2）简单透明。大多数人都喜欢简单，复杂始终是无法做到简单时退而求其次的选择。精力日益碎片化的今天，繁杂意味着分散精力；简单则意味着集中精力。一旦游戏规则一目了然，团队就会擅长玩这个游戏。CGL坚持简化规则，让工作变得更轻松。CGL在规则的宣导上也要实现信息透明；CGL现在已经在团队的不同层次上实现信息同频，并且正在推动更大范围的信息共享，逐步走向全员共享。

（3）守则平等。在规则的遵守上，CGL要求人人平等；基于人人平等执行规则也会面临很多挑战，我们会进一步完善和细化必要的规则，只有规则体制的完善，才能让"守则平等"成为可能。

尊重作为CGL自组织方法论的核心原则之一，激发了每一个人实现自我的自主意愿，这成了CGL凝聚力的内核，造就了CGL成为一个"人心归向"的组织。

信任原则与组织持久力

"信任原则"就像人心，为组织输送血液和能量，让组织里的每一个人都充满力量，从而形成组织发展的持久力。当组织发展面临困难和挑战，成员们依然能突破重围、攻难克艰，为组织创造源源不断的能量。

信任原则的三根支柱分别为：信任成长、信任成事、信任成功。

1. 信任成长

"信任成长"是指CGL相信每个人都有无限的成长潜能，都是可塑之才，都希望自己成长，都能在CGL这个平台上不断突破瓶颈，成为优秀的自己，成为卓越的顾问。

"业务持续增长的根基是员工持续成长"——CGL作为一家人才驱动的公司，其业绩高速增长和平台快速发展，已经证实了人是业务发展的核心要素，人的成长是业务增长的根基。因此，我们必须把人的持续成长作为组织发展的基本设定，并以此设计团队与员工的成长发展机制。

在具体做法上，CGL建立了"顾问自动晋升机制"。CGL在创业之初即建立了"研究员（RA）—助理顾问（AC）—顾问（C）—高级顾问（SC）—助理总监（AD）—总监（D）"的职级晋升体系，采用了基于业绩考核的自动晋升机制。每一个职级都有快速晋升通道，只要半年或者年度业绩达标就可以直接自动晋升。

这种快速晋升机制可能造成个人能力和职位要求的倒挂，但CGL选择了信任成长，相信顾问可以通过快速成长，扭转能力倒挂的局面；当然，这种能力倒挂也是一种倒逼顾问能力成长的力量，公司也会提供能力成长的赋能，帮助顾问获得能力的快速成长和突破。

2. 信任成事

"信任成事"是指每个人都有成事的精神。CGL相信每个人成事的快慢节奏虽有不同，但成事的时机必然会到来。成事对顾问而言，就是从做成一个一个小单子开始，到做成一些大单子；从做成一个一个小业绩开始，到积累出一个大业绩；即使有过无数的交付失败，但却通过做成一个一个小事情，到服务好无数候选人，服务好无数客户，这背后就是成事的精神。

CGL相信每一个人都有这种锲而不舍、坚忍执着的成事精神。"成事"对顾问职业发展而言，就是快速成长、突破晋升、蜕变晋级，最终成就自己的事业。

"不信任制造成长牢笼，信任创造蜕变契机"——信任就是鼓励，信任给予机遇，信任创造成事的条件。CGL相信顾问可以做成事情，鼓励顾问多尝试，为顾问创造条件，给予顾问更多的试错机会，没有这些试错和磨炼，就不会有蜕变的可能。而不信任就是禁锢成长的牢笼，让路越走越窄。

CGL顾问的整个职业发展中，最大的蜕变就是从个人顾问晋级为团队长。从个人做业务的工匠精神，到带领团队做业务的经营管理，这是质的飞跃。CGL建立了一套从顾问到团队长的"三人成组孵化机制"，帮助顾问迈出成人达己的第一步。包括从业绩和能力维度做人才盘点，帮助合适的顾问进入三级团队长的孵化培育阶段，帮助顾问组团队、带团队，走上团队管理的新发展阶段。

从个人到带团队，这是个人职业发展的最关键契机点，CGL给予信任、给予机会、给予帮助、给予扶持，让顾问走上事业发展的新轨道。

3. 信任成功

"信任成功"是基于人性洞察。我们认为，每个人都需要职业成功、事业成就、自我实现的满足。CGL所从事的是一项非常具有挑战的业务，顾问需要极强的进取心、强大的驱动力、抗压抗挫能力，才能应对业务不确定性的挑战。因而"自我成就"动机成为强大的自我驱动引擎。我们把这种品质称为"要性"。

因此，信任并帮助顾问取得"职业成功、事业成就、自我实现"，成为CGL最基本的设定，因而CGL也叫"成功了"。

"先有个人和团队的成功，才有公司平台的成功"——CGL是一个平台型组织，每个团队都是平台的一根支柱，每一个成功的团队同时也是平台真正的成果，而团队的成功也意味着团队长和顾问个人的成功，因此，先有个人和团队的成功，才有公司平台的成功。

当CGL的顾问晋升为一级团队长（TL1），意味着自己走上了独当一面的职业发展道路，开始自主追求自己的梦想，打拼属于自己的事业。为此，CGL有一个"团队孵化裂变机制"，当二级团队长（TL2）达到一定的业绩要求，便可以从师傅团队长下面独立出来，成为完全独立的一级团队长。新晋升的TL1可以尽情地施展才华，规划自己团队的发展战略蓝图。同时，来自师傅和原来团队的支持也将减少，新晋升的TL1需要直面业务和团队发展的风风雨雨，经历磨砺，蜕变成长。而平台相信新晋升的团队长可以取得成功，因而鼓励TL2从原先TL1的团队中裂变独立出来，并为其独立发展提供赋能与支持。

信任作为CGL自组织方法论的核心原则之一，激发出了每一个员工锐意进取的巨大能量，这成了CGL组织持久力的源泉，为CGL攻难克阻、奋勇前进创造了源源不断的组织能量。作为企业的管理者，当你在想是否应该信任年轻人的时候，CGL的优秀年轻顾问会让你感到不可思议。当你也希望自己公司的年轻人创造奇迹的时候，那么你打造好了创造奇迹的组织信任土壤了吗？

共识原则与组织协同力

"共识原则"和"共创原则"就像双手，是推动组织发展的两个抓手。共识是组织协同的基础，是激发组织效能增量的保障、形成组织发展的协同力；它保证组织行为的一致性，降低组织内的摩擦，提升业务协同效率，创造更高的业务绩效；它拉齐组织意识，打造一个共识组织。

共识原则的三根支柱分别为：平台共识、团队共识、客户共识。

1. 平台共识

有共识才有平台协同力。CGL是一个规模近千人、发展快速的平台型组织，合作关系比较复杂，合作密度非常高，因此，没有高度的共识是难以形成强大的组织战斗力的。我们需要形成统一的认识，包括：

——战略共识：基于使命、愿景的公司战略，市场定位、发展战略以及战略落地路线图是什么？

——文化共识：公司的团队发展文化是什么？

——价值观共识：公司的核心价值观是什么？如何理解这些价值观？

——制度与机制共识：公司的运营规则和管理机制是什么？

……

除核心价值观共识，其余共识并不是一成不变的，随着市场的变化，我们也将即时作出调整，并不断地让大家形成新的共识。

"共识是合作的基础"——越有共识的组织就越容易形成组织合力，反之，对于一个缺乏共识的组织，我们看到的就是不同的立场、不同的思路、不同的言论，彼此对立、彼此冲突，不要奢谈合力形成，反而是冲突和撕裂不断。对于CGL这样一个高度合作型的组织而言，没有高度的共识是不可想象的事情。只有对平台有基本的共同认知，有相同的业务逻辑，有相似的文化语言才有可能达成最高效的合作。因此，共识是合作的基础，也是平台发展的命脉。

在具体做法上，CGL形成了：

（1）月度运营例会。CGL有月度运营例会，并在不断完善会议机制。公司管理层会同核心的合伙人展开深度对话，对业务发展的目标、问题、挑战等多方面进行沟通讨论，形成基本思路，再形成会议内容向各个团队传达。这是一个动态的高频的共识机制，以核心骨干群体为杠杆撬动整个平台的共识构建。

（2）季度合伙人大会。CGL每个季度都有合伙人大会，包括合伙人扩大会议，并邀请所有的合伙人以及潜在的合伙人参加，这是达成平台共识非常关键的方法。合伙人大会除了增强团队的共识，还增强了同事之间的链接和信任。每次会议中，我们都会对战略、文化、价值观、规则、机制等方面出现的问题、调整措施、新思路等与大家作沟通交流讨论以求同存异，不断地重构共识。

（3）团队自生长手册。经过近五年的发展，CGL已经形成了一套非常有效的团队发展机制，我们内部称为"CGL团队自生长六大法宝"。这个机制可以非常有效地指引顾问和团队长如何在CGL这个平台上更好地生存和发展。我们从底层的思想内核，到战略、文化、价值观，再到团队发展方法策略，最后到执行层面的操作赋能机制等形成了一套非常完善的体系。我们把这一体系做成了《CGL组织与团队发展操作手册》。顾问和团队长完全可以基于该手册的指引，制定个人或者团队的发展规划。这是CGL针对全体成员塑造平台共识的最佳手段，该手册也是对CGL的平台共识进行沉淀和固化的最佳载体。

2. 团队共识

有共识才有团队凝聚力。业务团队作为CGL平台组织的基本结构，其内部本身也是一种协作关系，是一种更紧密、更高频的协作关系，因此更需要形成更高度的团队成员间的共识。

团队怎样才能变更好？团队成员在项目目标上是否一致？团队成员相互之间是否都明确他们各自的角色、职责、贡献、资源、优势和盲点？如果团队中的每个人都想尽其所能，那么团队就需要遵循某些共同的规则。因此，明确团队契约并将它们浓缩为每个人都赞同的、易于理解的形式则非常重要。对于团队发展的战略、文化、价值观、管理机制等，团队成员需要达成更清晰、更高度的共识。

"共识是团队发展的基础"——一级业务团队的发展，在整个平台的发展框架内需要形成自己的经营和管理框架，而这正是团队最需要的、最大的共识。有些团队只有发展目标，缺乏对经营管理作深度的思考，团队内部对发展也缺乏统一的认知；还有很多团队虽然有自己的发展思路，但是没有对发展路径作深度研讨，也没有把想法和思路沉淀和固化下来。团队成员应该对彼此的工作职责、目标和贡献有清晰的了解，并对彼此的工作结果和行为负责——充分达成上述团队共识，对于创造高绩效来说非常重要。

一个团队要发展得快，要走得长久，有一个相对稳固的团队发展共识是非常必要的，因为共识才是团队发展的基础，而且团队也需要不断地迭代和重构共识，以适应市场和业务的变化。

在具体做法上，CGL形成了：

（1）团队会议。CGL赋予团队自管理的权力，团队长及团队自己决定如何开会；但我们依然倡导团队长和团队需要开好自己的管理会议，因为团队会议一方面是达成团队内部共识的常用工具，另一方面也是传导平台会议内容和精神，促进平台共识构建的工具。因此，如何开好团队会议，构建团队共识，促成平台共识，是团队长必须掌握的技能；平台也将加大对团队长这一技能的培训。

（2）团建活动。团建在CGL是一个非常频繁的活动，过去我们把它当作一种团队福利，给予团队团建经费奖励，让大家能玩、会嗨、去放松，去增进团队内部的情感连接。同时，这也是一个构建团队共识非常好的场景，我们也将加大这个方面的引导，让团队长充分利用这一契机，精心策划设计，以使团建活动具有更强的构建共识功能。

（3）团队发展手册。在CGL有一些非常优秀的团队，已经形成了自己的团队发展文件，虽然可能还不能叫手册，但已经初步具备了手册的共识功能。我们接下来将倡导和推动团队长，基于CGL团队自生长手册的框架指引，制定自己团队的发展手册，以沉淀和固化团队的发展共识，并不断地对其进行迭代升级。

3. 客户共识

对CGL的共识分内外部视角，内部是员工视角，外部是客户视角（包括企业客户和候选人客户），只有加上客户共识才能看见CGL共识的全貌。

客户共识包括，客户如何理解CGL的市场定位、业务模式、业务优势、顾问团队竞争力、组织与管理模式等；虽然每个客户对CGL及其顾问都有不同的看法，但是我们希望能形成更多相同的认知和看法，这就是客户共识。

员工共识和客户共识并非割裂的，而是相通的。因此，员工共识也会影响客户共识，反之，客户对CGL的理解也会影响员工怎么理解CGL。

"客户的认知才是我们经营的产品"——为什么要关注客户共识？因为从内部视角去看待我们的产品和服务的优势、劣势，都是片面的；毕竟CGL是一家业务导向型的公司，对我们服务价值评价的标尺掌握在客户手里，我们输出的产品和服务并不是我们的行为本身，而是客户对我们服务行为的价值认知。因此，客户的认知才是我们真正经营的产品。

在具体做法上，CGL形成了：

（1）顾问端。客户共识是如何形成的？首先就是在顾问服务端，从客户BD到签约，从人才交付到入职跟进，在客户服务的全流程中，顾问和客户的每一次互动都是在塑造客户共识：顾问如何介绍CGL，如何展现自己，如何让客户感受到CGL的服务标准。

我们正在关注并加强对于服务标准的探索和建设，这是接下来几年决定CGL市场口碑的关键所在。

（2）新媒体端。过去几年，我们在顾问品牌端做了很多人物专访、团队介绍的探索；针对候选人的内容需求，我们也在持续做微信公众号；但是从客户视角来看还是不够的，新媒体也是客户共识的非常重要的工具。

我们应该输出什么样的内容矩阵，才有助于客户共识的建立？这有赖于CGL思想内核的构建，否则只能是零散而不成体系地输出一些文章和长短视频。目前CGL已经有一个"CGL组织与团队发展模型"，可以根据这个框架从思想、战略、文化、价值观、团队组织模式等维度构建内容，从而让客户了解CGL是一家如何运行的公司。

（3）客户调研/参访交流。我们也在通过客户调研来了解客户是如何看待CGL的，大家的共识点和差异点是什么，以便对优化客户体验的共识构建作出调整。此外，CGL也正在组织企业参访，邀请客户来CGL办公室，为大家分享CGL的业务模式、组织模式，这种更直接、更立体的互动方式能让客户对CGL有更深的理解。

开放公司的原因有很多，并不是每家公司都能像谷歌一样——能够炫耀睡眠舱和排球场。因此，与其专注于酷炫的办公环境，不如专注于公司开展业务的方式。开放办公环境，邀请客户到CGL参访、学习、交流，是增强影响力、提升我们品牌和吸引合适人才的绝佳营销机会。通过促进这些交流，我们也有机会向参访者学习，并提高员工士气和团队的工作自豪感，回馈社会。

共识作为CGL自组织方法论的核心原则之一，让所有人基于共识而协作，激发出了巨大的组织协同力。通过不断地拉齐组织意识、创造客户价值的意识，从而打造出一个共识组织。

共创原则与组织生命力

"共创原则"和"共识原则"就像双手，是推动组织发展的两个抓手。共创是组织热情的来源，它激发每一个人用心投入，享受参与和创造的愉悦和成就感，赋予了组织鲜活的生命力。这是组织进化的根源，是业务创新的源泉，从而激发组织活力，让组织永葆青春。

共创原则的三根支柱分别为：创业精神、共同治理、创新涌现。

1. 创业精神

创业成就自我，CGL倡导每个人都要具备创业精神，成为CGL平台的共同创业者，这样才能最好地成就自我。作为创业者，自己要有清晰的目标和发展规划，有能力积累、资源储备计划，有锐意进取、开创事业的勇气，有坚忍不拔的毅力、百折不挠的韧性。CGL最欢迎有创业精神的人加入，也有配套的机制和文化助力为创业者铺平发展道路。

"打造一个共生共创的创业孵化平台"——CGL是一家平台型公司，每个团队都是一个创业团队，CGL为每一个团队的发展提供共享的赋能服务。帮助顾问取得个人的事业成功，就是CGL平台的成功。因此，CGL志在打造一个共生共创的创业孵化平台，助力每个人追逐梦想、开创自己的一番事业。

在CGL平台创业，我们设计了如下发展路径：

（1）一级团队长。最容易和简单的创业方式就是先成为一级团队长，每个顾问都可能实现这一目标。CGL已经有非常成熟的一级团队长孵化机制，从TL3的孵化到TL1的裂变独立，有完整的发展路径。我们也将进一步完善对一级团队长的赋能机制，为TL1的顺利发展提供更多帮助。

（2）分公司。对于有实力的一级团队长，公司还提供担任分公司负责人的发展机会，这也是一种创业的形式，基于分公司的模式也可以做成一番事业。

（3）子品牌/子公司。对于有远大抱负的一级团队长，还可以以创办独立子公司、子品牌的形式去创业，去践行自己的想法。CGL依然为其提供赋能服务和配套发展支持。在CGL的平台上，已经内部孵化出来TTC、DEEPIN等子品牌。

2. 共同治理

共同治理公司，可以很好地激发每一位员工的主人翁精神和自主意识。CGL是一家平台型公司，平台为每个团队的发展提供赋能，而每个团队需要极强的自主性、自驱力，什么样的经营规则、管理机制是更能促进大家发展的，这需要以团队为主参与商议制定。

CGL给予所有团队共同参与治理公司的权利，从而让大家更有主人翁意识，更有归属感，以促进大家更好地发展。

"打造一个共治共赢的组织"——共赢是一个组织最好的局面，也是CGL作为平台最重要的发展目标之一。我们团队众多、差异较大，大家在不同发展阶段、不同业绩规模、不同团队人数、不同行业领域、不同城市区域等方面存在很大的差异；在一个统一的政策体系下，如何实现共赢是一个非常有挑战的事情。大家如何相互理解，形成共识，运用共创的方法，共同治理是一个非常必要且有效的手段。

在具体做法上，CGL形成了员工共治的三大委员会：

（1）运营委员会。CGL成立了运营委员会，由7人组成，邀请高级合伙人代表自愿报名参加，委员任职一年后换届；通过组织月度、季度会议、不定期会议，商议公司的运营策略、运营方案，处理各种运营问题、紧急问题，形成问题解决机制、决策机制、落地方案，从而构建起一个由业务团队代表共同参与的运营体系。

（2）仲裁委员会。针对跨团队合作存在的纠纷和摩擦的解决，CGL成立了仲裁委员会，由15人组成，邀请AD/D以上顾问代表自愿报名参加，委员任职一年后换届；仲裁委员会负责制定相关的细化规则和红线机制，对纠纷进行审理和判决，对有普及意义的案例进行案例宣传教育。CGL将平台治理的权力交由仲裁委员会，构建起一个团队共治的争议解决仲裁体系。

（3）组织委员会。围绕组织发展和文化打造，CGL成立了"组织委员会"，由7人组成，邀请5位高级合伙人代表自愿报名参加，以及2名集团管理层参与共同治理；通过月度会议、季度会议、临时会议等方式，讨论公司的组织发展情况和文化打造情况，确定组织发展策略，制定并完善相关的规则和流程等机制，解决处理重要问题；通过沟通治理的方式，打造完善的组织发展体系。

3. 创新涌现

CGL主张团队式的创新，平台为团队打造创新的组织土壤，鼓励创新涌现。

企业需要创新，不仅是为了解决问题，也是为了不断发展。员工从不缺乏创意，但要让这些创意中的每一个都大放异彩，却并非那么容易。创新的想法通常来自意想不到的地方（例如其他部门的人），可利用它们鼓励跨部门沟通与合作。促进一种强调共享和透明，而不是员工之间封闭式竞争行为的文化。员工可以以更多的热情和实验的心态来处理问题。

很多公司的创新是自上而下的，CGL的创新是自下而上的。我们倡导打破团队孤岛，鼓励思想的自由流动和创造性地解决问题。平台需要的是一双双发现创新的慧眼，去发现创新在不同团队间的涌现。

"创新涌现是组织活力、生命力的表现"——如果说创新激发了组织活力、激发了组织生命力，那这不过是一种自上而下的思维视角；在CGL，创新的涌现恰恰是组织生命力和活力的外在表现。这种创新涌现背后的原因，是因为CGL是一个自驱型的组织，拥有多元化的团队生态、百花齐放的管理风格，从顾问到团队都在积极探索自己的发展路径，塑造自己的竞争优势，因而涌现出了很多创新玩法，每一个人、每一个团队要更好的发展，创新是必然的选择。

在具体做法上，CGL形成了：

（1）涌现式培训。CGL有晋升演讲机制，这是一种涌现式的培训；这不是传统的培训模式，从公司层面由上到下来设计培训内容、组织培训落地；而是任何一位顾问要晋升合伙人，就需要向大家分享自己的业务经验、成长心得，这些内容完全是从实践中来、从一线中来，对所有人都非常有启发、有鼓舞作用。因而，CGL把这一创新固化成一个机制，让晋升演讲成为一件必须要做的事情。

（2）涌现式合作。CGL一直鼓励跨团队的合作，这是一种以项目为中心的随机合作模式；随着这种随机合作的不断深入，很多团队的业务定位越来越清晰，很多团队之间形成了紧密的长期合作关系，我们把这种合作关系称为群落式合作模式；这也是一种涌现式的合作模式创新。我们会鼓励这一合作模式的发扬光大，成为平台推崇的合作模式，最终平台的合作模式将演化成为无数小群落构成的合作生态。

（3）涌现式组织。CGL的团队管理方式是一种百花齐放的风格。当团队长自己探求自己是什么管理风格、团队是什么组织类型的时候，我们有团队把自己定义为涌现式的组织；这个团队会去发现顾问的特点、特长，并结合其特色和意愿，来一起规划他的业务、团队角色，以及职业发展，以强化顾问个人的竞争力。当每一个人的竞争力得以强化后，整个团队的竞争力也自然得以提升，这被称作涌现式的组织。这种在团队内部，针对顾问个人的发展，采用一种自下而上的管理模式、职业发展模式，也是CGL想推崇的模式，这种组织模式的创新我们也可以倡导更多团队参与学习。

共创原则作为CGL自组织方法论的核心原则之一，激发出了每个人的工作热情，激发出了巨大的组织活力，让CGL成为一个拥有强大生命力的组织。

赋权／赋能原则与组织自驱力／战斗力

"赋权原则""赋能原则"就像双脚，是跑起来的支撑和驱动：赋权是组织自驱的基础，它赋予人人自我发挥、施展才华的权利，是形成组织自驱力的保障，它打开了个人能力发展的枷锁，让人人变得更自动、自主、自发，从而解放了生产关系，让组织成为真正的自驱型组织。

赋能是组织能力提升的保障，它是每个团队和个人能力发挥的杠杆，让其能力得以更好的发挥，让其更专注于专长的施展，保持组织战斗力处于最佳态势，从而极大地提升生产效率，让组织成为一个真正的高绩效组织。

CGL的组织发展宗旨就是要赋予员工更多的自由度、自主权，这样员工才会真正获得幸福感、归属感。员工不是一部被动接受指令的机器，而是发乎内心的自驱力、内驱力，去规划、去执行心中的想法，只有这样，人的价值才有可能最大化地施展出来。

"赋权"和"赋能"正好都是基于"CGL团队自生长六大法宝"的六个维度一一对应而来，因此我们在此放在一起阐述。

"赋权"代表在特定责任下的权利自由，在公司是被允许的，是被认可的，是被鼓励的；"赋能"代表行使自由的能力保障，保障员工愿意做、可以做而且还有能力去做。

"赋能"让"赋权"得以有力地落地实施。

赋权原则中的六个"权"分别为：发展权、经营权、管理权、流动权、协作权、蜕变权。

赋能原则中的六个"赋能"分别为：市场赋能、诊断赋能、学习赋能、链接赋能、协作赋能、晋级赋能。

1. 发展权——市场赋能

在CGL，员工有选择业务方向的自由，可以自主决定所要从事的领域、行业、职能等，虽然CGL倡导专注，但不限制业务方向的拓展。

"CGL倡导业务机会的平等性"——CGL希望创造一个公平的发展环境，行业有发展周期，业务有大年小年，同时客户也会突破行业边界，拓展新兴业务。因此，我们倡导业务机会上人人平等，只要有能力做，有资源做，都可以做。

CGL大力提供市场资讯情报服务的赋能，让大家同步了解各个领域市场发展的动态，这让原本封闭在小团队内部的行业信息释放出来，成为所有团队可以参考的市场信号，这也进一步促进了业务机会的平等性。但每个团队的资源积累、能力储备、准备度是不一样的。因此，在相同的市场机会中，只有准备度最好的人方能获得最大的收益。

在具体做法上，CGL形成了：

（1）方向自主赋权机制。CGL团队长可以自定义业务方向，选择自己感兴趣的领域，并招募对这一方向感兴趣的顾问加入。在业务推进的过程中，也可以进行业务转型调整方向，还可以拓展新领域，实现多行业、多领域、多职能发展。

需要说明的是，CGL虽然赋予团队长这样的权力，但不意味着业务方向的多元化就是最好的选择。每个团队需要探索出自己最好的业务组合模式，并在业务实践中作动态的调整。

（2）双向解锁赋权机制。落实到具体的业务开展中，CGL在客户端和候选人端是采用双向解锁的机制。即客户和候选人没有严格意义上的归属和划定，所有业务团队都可以为之提供服务。这是对业务方向自主的有力保障。一旦有了归属的划定，则意味着方向自主权的失效，最终形成走自己的路，让别人无路可走的局面——方向自主也就形同虚设，当行业主要的客户都被分掉了，虽然可以自主但已经没有客户可以做了。

同时，客户与候选人双向不锁死，也更加有利于高效完成客户服务交付，更好地创造客户价值及最优客户体验。

（3）市场赋能机制。为了帮助团队作出更好的业务方向决策，CGL提供市场赋能的服务，包括资讯情报服务、行业研究服务、业务转型咨询服务、市场统领作战服务等。这些服务主要有两个目标：一个是保障团队业务方向决策的有效性；二是整合团队力量干大事，联合力量协同作战，协同开发市场，提升市场开发的效率和收益率。

2. 经营权——诊断赋能

"员工有决定业务目标的自由"——CGL 的团队可以自己设定业绩目标。CGL 给出了统一的激励政策，达到不同的业绩标准有不同的奖金分成阶梯，超额完成有超额奖金。团队可以根据奖励规则，结合自己的收入期望，评估业绩可行的完成度，制定自己的业务目标。

顾问也可以自己设定底薪标准。CGL 给出了定义底薪的机制，业绩目标是底薪的 5 倍以上即可。因此，CGL 的团队目标完全是自驱、自主定出来的，在清晰的规则之下，团队想要赚得更多，自然就会冲刺更高的目标。

"CGL 倡导团队经营的自主性"——CGL 的团队经营是完全自主的，这背后体现的就是团队的"要性"，目标定多高、发展快或慢，都由团队做主。为了保障团队的健康发展，CGL 还为团队提供诊断赋能，通过团队财务指标诊断财务健康情况，并作出相应的评级，以便为团队的经营策略和计划作出指引。

在具体做法上，CGL 形成了：

（1）财务评级赋权机制。CGL 摸索出了一套行之有效的财务评级机制，基于应收账款和现金流等要素为团队评级，分成 ABCDE 五个等级，并给出合理控制风险的经营建议。这些评级决定了团队是允许扩张，还是需要降薪或者减员，以压缩成本保障生存。

（2）薪酬自定义赋权机制。顾问底薪的部分可以在一定的范围内，根据自己的需要进行自定义，但我们有一个规则，业绩目标必须是底薪的5倍以上，以此作为底薪自定义的前提。

（3）业务诊断赋能机制。CGL正在探索一个基于财务评级机制，以及更多经营要素评估，设计出一套"团队健康度诊断体系"和"个人业绩健康度诊断评级工具"，为团队提供诊断咨询服务，并根据诊断结果，为团队提供发展建议。

3. 管理权——学习赋能

"团队长有选择管理方式的自由"——CGL尊重每一个团队长和顾问的个性，团队长对不同顾问可能也有不同的管理风格，我们也包容团队长百花齐放的管理风格；团队长有权选择最适合自己和团队的管理方式。

"CGL倡导管理模式的适配性"——我们发现，在CGL平台上，不同管理方式的团队都有取得非常不错的业绩的案例，因此，我们不唯管理模式论，而是倡导管理方式和团队的适配性、契合度，适用的就是最好的，这种适用不只是出业绩，也需要考虑团队的可持续发展。

当团队长自己发现问题，自然会想办法、寻求帮助做优化和调整。不论什么管理方式，都需要团队能持续地成长，实现能力的突破，打造团队凝聚力，激发团队能量；为此我们也会提供培训与学习赋能，帮助顾问变得更专业，帮助团队长提升领导力。

在具体做法上，CGL形成了：

（1）团队管理百花齐放赋权机制。对于团队长的管理方式，CGL采取的措施就是无为而治，不作太多的干预，让团队长自己去摸索、去感悟、去成长，毕竟领导力的提升不是拔苗助长或简单培训所能实现的。我们倡导一种由团队长决定的多元化、百花齐放的团队管理风格。

（2）卓越顾问赋能机制。CGL会整合很多力量与资源，包括公司内部的、外部的，帮助顾问快速成长提升，快速成长为一个专业的、卓越的顾问，毕竟匠人精神是做顾问的根本精神；我们希望顾问在专业上能够持续精进。

（3）学习赋能机制。除了具有CGL特色的顾问、团队长自发组织的涌现式培训以外，我们正在着手打造CGL平台的学习赋能体系；一方面是针对顾问的专业能力提升的系统学习与培训，从助理顾问到高级合伙人的晋升中，我们都提供与实际需求相匹配的专业学习内容；另一方面是针对团队长的领导力培训，从TL3到TL1，团队长如何带人，如何激励人，如何打造高绩效团队，如何制定团队发展战略，如何走上独立自主创业之路等等。基于这样的学习赋能机制，CGL将具备人才培育的造血能力，为团队业务的发展保驾护航。

4. 流动权——链接赋能

"员工有流动的自由"——为了提供更有利的自我发展环境及条件，

CGL赋予员工自由流动的权利，员工可以自由选择不同的城市、不同的办公室、不同的团队，以及不同的业务领域、职能等等，只要所去团队能接纳，就可以自由流动。

"CGL倡导合作链接的自愿性"——CGL为员工创造最佳的职业发展体验，我们倡导员工的自驱、自主、自愿，只要是有利于客户服务、价值创造、成人达己、自我实现，我们都鼓励和支持。这为员工的成长突破解除了一切束缚和局限，让员工心无旁骛地专注和投入，以创造更好的成绩。

自由流动本身并不是目的，流动背后的本质是创造链接——与更多优秀顾问进行深度合作的链接。因此，CGL还鼓励开展多种形式的链接，让顾问能够和更多优秀的顾问展开深度合作链接，让这些优秀的顾问为更多年轻的顾问成长赋能。

在具体做法上，CGL形成了：

（1）赋能型团队长赋权机制。团队长本身也是资深的顾问，CGL倡导团队长成为赋能型专家，不仅能为自己团队赋能，帮助自己团队的顾问成长发展，还能为其他团队的顾问提供赋能，在整个CGL平台发挥自己更大的价值。

当然，团队长也需要用这种赋能型的领导力和赋能价值吸引年轻顾问的加入，吸引团队成员跟随自己一起打拼事业，甚至是吸引其他顾问加入自己的团队，这同样也会倒逼团队长不断成长，让自己有更大的影响力和吸引力。

（2）活水计划赋权机制。CGL是一个全国性、多城市布局的平台型集团公司，我们可以满足顾问在不同城市、不同办公室、不同团队、不同职能自由流动的需求，让顾问拥有更多的选择和自由，以提升职业幸福感。这种自由流动的机制设计，其宗旨在于让每一个人成就更好的自我，为此而创造更好的环境和契机，激发潜力的开发，实现能力的突破，成就自己的事业。

（3）链接赋能机制。CGL除了鼓励顾问跨团队合作增强链接以外，还鼓励顾问向前辈拜师、向同事咨询等合作和链接模式。跨团队的流动是一种比较重的深度链接模式，对个人和原来团队影响也比较大一些，但合作、拜师和咨询这种轻量级的链接模式，可以以一对多的方式同步开展，阻力和难度都很小，比较容易开展起来，也同样对顾问成长突破非常有助力。

5. 协作权——协作赋能

员工有选择合作伙伴的自由。CGL鼓励顾问和团队与任何其他顾问和团队展开合作，大家可以自由地选择合作伙伴。我们还提供数字化工具"才给力"，帮助大家找到合适的合作对象。

"CGL倡导团队合作的广泛性"——CGL跨团队合作的业绩比重越来越高，为平台业务增长带来了效率增量；我们鼓励合作的广泛开展，因为这样的合作模式可以更灵活、高效、敏捷地满足客户多样性的需求，大大提升了客户服务的成功率，也可以最大化地利用团队资源，让每个团队的收益也大大提升。

在具体做法上，CGL形成了：

（1）团队协作赋权机制。CGL的团队合作模式目前已经从广泛式的合作演化到了群落式合作模式，两种合作模式并存；广泛式合作是基于项目的随机合作，我有客户需求你有合适人才就可以合作成单分钱；群落式合作模式是有些团队与其他几个团队形成了长期战略合作关系，构建起了稳定的合作链条。

在CGL这个大生态内，已经自发形成了不少这样的长期战略合作群落。我们鼓励这样的合作不断深入，让每个团队都能在这个大生态内找到自己的位置。

（2）"1126原则"以及争议仲裁机制。关于团队合作的业绩划分，CGL有"1126原则"做分配指引，团队的收入分配基本参考这个原则；此外，随着跨团队合作的越来越多，业务摩擦和业绩分配纠纷也越来越多，因此，CGL成立了由员工主导的仲裁委员会，用团队共治的方式，用更公平、公开的方式对纠纷案件作审理和裁判。

（3）协作赋能机制。CGL从一开始用谷露系统，来促进团队间的合作，后来开发了"才给力"系统，以提升跨团队合作的效率。CGL也正在加大力度研发更好的赋能产品，为顾问打造一个数字化协作平台。

6. 蜕变权——晋级赋能

员工有成长蜕变的自由。相比于传统的公司，CGL有足够的发展空间，给予顾问们充足的成长和晋升自由，我们对于职业上升通道上不封顶。

"CGL倡导成长机会的公平性"——CGL作为一个平台型的公司，最重要的就是给每一位成员提供公平的发展机会，这是平台的立身之本。因此，无论是顾问从RA到SP，还是团队长从TL3到TL1，我们都有基于业绩导向的公平规则，只要业绩达标就具备晋升的主要条件。但为了职业晋升的稳健性，我们也会增加一些辅助条件，并为顾问和团队长提供职业晋升的赋能服务。

在具体做法上，CGL形成了：

（1）团队孵化裂变赋权机制。对团队长，我们建立了内部孵化和裂变机制。孵化是指从顾问到三级团队长的蜕变，从单打独斗做业务到转型带团队。我们会辅助TL3组建团队，3人成组后，发展过渡到TL2的阶段，完成孵化破壳。接下来就是TL2发展阶段的能力成长和业绩增长，这是一个磨炼的过程，当TL2业绩达标，也具备独当一面的能力后，我们就启动团队裂变计划，从TL2晋升为TL1。TL1是自己完全独立自主带团队，自己独立自主负责团队的业务战略与发展战略，这是个人发展的一个巨大飞跃。

（2）顾问自由晋升赋权机制。顾问从RA到D是一个自动晋升的过程，只要业绩达标就可以直接晋升，这就是CGL的快速晋升机制；从D到晋升合伙人、从AP到SP，除了业绩要求还有其他的辅助条件作考核，但依然是以业绩导向为主要晋升条件。在晋升自由上，CGL做到了公开、透明、公平、公正。

（3）晋级赋能机制。为了更好地帮助顾问晋升、团队长晋级，我们还将进行专门的人才盘点计划、领导者梯队打造计划等，以做好整个人才梯队的布局，把优秀的顾问输送进职业快速发展、能力快速成长、事业快速成功的快车道。因为CGL的口号就是"持续帮助年轻人快乐成长、快速成功"；因为顾问个人的成功，就是CGL平台的成功！

赋权、赋能是CGL自组织方法论的核心原则。赋权让员工有权力做，被允许做；赋能让员工有能力做，能做到位。通过赋权解放生产关系，激发了组织自驱力；通过赋能提升生产效率，激发了组织战斗力。这是CGL组织方法论落地的最核心实践。

第五章

横向组织的落地案例

CGL组织最核心的竞争力就是我们的合伙人和团队长队伍。

——庄华（Pierre）

案例1：90后高级合伙人成长记

CGL涌现出了很多成绩突出、成长快速的年轻团队长。为什么在CGL这个平台能生长出这么多优秀的年轻团队长，我们从一个案例中探寻其中的秘密。

Xenia，CGL首位90后高级合伙人，2018年加入CGL，目前带领一支20多人的团队，年营收近两千万元，主要专注高端HR岗位的猎头服务。

一、飞速成长的原因是什么？

Xenia从加入CGL担任高级顾问到晋升为高级合伙人，用了不到5年时间，升了5级，成为公司第一位90后高级合伙人，我们来听Xenia分析其中的原因：

> 第一，CGL的整个大平台本身就非常有魅力，我们的业务和团队每年都有一些变化，在这样的环境下会驱动你不断地去成长。此外，在CGL的土壤上会有很多的资源，不管是客户资源，还是内部合伙人的一些资源，还有年轻伙伴的一些资源，他们都是很好的榜样，让你去学习和交流。在这样的过程中，我相信每一个人都会有非常向上和积极的态度，不断地去前进。这是推动我不断成长

的一个很关键的因素。

第二，我在自驱和自我管理方面比较符合CGL的文化价值观。我也很认可CGL的自组织，我们要招成年人，然后我们在土壤上会去规划自己、去设计自己的一些未来，帮助客户和候选人带来更多的价值。

第三，是严格自律。当然我不认为我自己是属于非常自律的，因为我身边还是有很多小伙伴每天早上6点起床，晚上12点还在回复客户，周末可能还会上班见候选人和客户。我觉得我很难持续保持这样的一个状态，但我的一个理念其实是要每年会让自己不一样一些，会有变化和成长。我对自己是这么要求，我对团队也是这样要求，比如说我们每年都会写商业计划，对于我们要布局的市场，我们要做的一些事情，甚至我们要达到的一些目标。我个人也会写类似的年度个人成长计划，我会细分一些具体的点，不断地去要求自己。

Xenia将自己快速成长的原因归结为三点：CGL的文化土壤和榜样的力量、自驱与自我管理、严格的自律。

二、成长中的关键时间点和挑战是什么？

Xenia在整个成长过程中，最关键的时间点和挑战是什么？我们听她怎么说：

每当别人问我，有没有因为现实结果达不到预期而不满意的时候，我都会想到2019年，这是我在CGL成长过程中非常重要的一个成长时刻点。

2019年到底发生了什么？

2019年我是真正从高级顾问转型合伙人，那一年连升两级，带来了很大的挑战。

第一个挑战其实是要从一个Top Biller转换成一个TL，其实思维方式需要做很大的转变。第二就是做事的关注点也会有很大的变化，从管理自己到管理和驱动他人，这个方式方法和思维模式也是需要做很大的改变。第三就是外部的市场环境也在变化，以前只需要埋头做好自己的那摊事情就够了，但现在要带着团队一起去做交付、打市场、服务好客户，这也是有很大的变化。

而这些挑战都在那一年爆发出来，可能我还是需要一些沉淀和技能上的一些提升，所以当时对我的挑战还是非常大的。

三、让你特别糟心的事情是什么？

在这种快速成长和巨大的挑战下，Xenia遇到了怎样糟心的事情？

印象特别深的是在2019年底复盘的时候，那次是CGL所有的高层都会有一个全国的对所有团队长的一次一对一沟通，每个人可能花半个小时到一个小时的时间，对团队做一些复盘。那一次我印象非常深，因为那一年其实经历了一个非常痛苦的阶段，然后再到复盘业绩和你的管理能力的时候，其实会止不住得压力爆棚。

但在那个场合下，创始人以及当时管理层给了我很大的信心、信任和支持。我没有想到他们非常了解我，知道我是一个非常要强，也希望把事情做得更好的人，在那个会议上并没有给我很大的压力，而是很懂我，倾听在这个过程当中发生的一些问题，然后给了我很强的力量。

四、在客户服务上印象最深刻的故事是什么？

在CGL这五年，Xenia陪伴了很多创新创业企业的发展，其中印象最深刻的客户和故事是什么？

我们这几年服务的创新创业型的客户非常多，这些企业其实在早期并没有非常强的雇主品牌，业务战略可能也不是很清晰，核心的高管层也没有很强的背景，对于吸引中高端的一些候选人还是遇到一些瓶颈。

在前两年的时候，我们曾经服务过一家宠物行业的民营企业，但是他们在十几年的发展时间里并没有太强的雇主品牌。我们见了几次总经理，他的简单、直接和真诚，并且真的在为宠物行业赛道作变革和努力，非常打动我们。所以有半年多的时间我们一直在不断地跟进，时不时地去作一些沟通和交流，直到半年之后的一个契机，他对于人选的画像和融资各方面更顺利了之后，请我们作了一次深度的交流，那一次交流他才真正的很开放地说了他的诉求和现在公司管理组织方面的痛点，所以我们当即帮他组建团队，招了很多核心高管，同时我们也帮他招了人力资源的负责人和一位市场的总负责人，后面我们的MCG的项目团队也入场帮他们去作领导力和组织的诊断。

之所以让我印象非常深刻是在于，很多创业企业不一定有很强的品牌，他们也不可能一开始就能给你讲很多明确的需求，但在这个过程中，顾问的陪伴和耐心其实还是非常重要的。我非常感激我们的团队有这样的沉淀和耐心去关注客户、陪伴客户。

五、在CGL这个平台上你的危机感是什么？

Xenia作为一个成长如此快速的团队长，她还会有什么样的危机感？

最近的压力非常大，尤其是最近开始关注北京、深圳、上海的市场，和我们跨团队、跨区的小伙伴交流分享，又一次让我看到CGL的多元化和自组织。我发现每个区域的伙伴们对自我成长和成长速度的要求非常高。五年做到高级合伙人已经不能算是比较快的一个成长速度。还有很多刚毕业一两年的年轻的顾问，成长非常快，这让我深刻地感知到中年危机。

是中年危机提前来临了吗？ Xenia又如何化解这种危机感？

第一我会保持一个良好的心态，就是我永远会把这种压力转换成一种动力去思考。我觉得心态非常重要，你不能永远看到自己的不足，还是要认可自己的优势，然后也要慢慢一步一步地化解转化，把危机化成转机。

第二就是做减法。当带的团队人数越来越多，人也非常多元化，涉猎的行业和地域也会非常不一样的时候，你要知道轻重缓急，对什么事应该激励团队去做，什么事自己要冲到前面，什么事可以用一些外界的力量来分担一些压力，我觉得这个特别关键。

第三就是怎么激励团队。这个需要从怎么识人上出发，要了解团队的每一个小伙伴，现在小伙伴可能每半年都有一些变化，所以对他们的了解要实时更新，把他们放在合适的位置上，让他们服务相对来讲比较合适的客户和合适的领域，同时也能在一些关键时刻给到激励，不管是金钱上的激励，还是认可上的，以及提供帮助和支持。

六、怎样才能让自己持久地保持这种活力以应付如此多的挑战？

Xenia如此的忙，既要管理自己的业绩、服务客户，又要管理团队，为他们的成长操心，她为什么有如此多的精力和活力？

随着年龄的成长，会有很多来自家庭工作各方面的压力：如何做好时间分配和精力分配，是一个挑战。第一，冥想、瑜伽和运动能让我自己的精力和能量值提高；第二，我还会用一些专业化的工具来帮助我不断地去规划，知道每一步和每一个关键节点到底要做些什么事情，通过这样一些工具理清思路和重点事情；第三，我发现带了团队之后，有更多的小伙伴帮你去实现我们团队的目标和愿景的时候，你会觉得还是很兴奋的。所以源源不断地招募和培养优秀的顾问和团队能帮你去节省很多的精力，自己可以做更多、更重要、更长线、更有意义的事情。

七、未来的发展目标是什么？

Xenia这么年轻就取得了突出的成绩，她对未来的发展有怎样的规划？

太长远的目标我也不一定能规划得很清楚，但是在大的环境和背景下，接下来的整个商业市场可能不像前两年这么高速发展，我会更讲究质量，包括如何去理解客户服务质量和专业度。对自我个人成长方面，现在很多时候可能没有时间精力沉淀下来去做一些精耕细作。我觉得接下来我的目标和对团队的目标期待，也是我们能更沉下心来在自己的细分领域去作一些更深的沉淀，去关注我们的客户的痛点到底是什么，怎么给到客户更有长期价值的一些解决方案。最后其实就是怎么更好地激发团队和组织，当团队被激发得更有活力、业绩更好的情况下，我们也能吸引更多更优秀的小伙伴加入。

通过Xenia的案例，我们看到一个优秀团队长是全方位的优秀，首先是业务上的特种兵，然后转型成为团队的领导者，让自己不断地突破能力和格局上的瓶颈，做好个人的管理和发展规划，服务和陪伴客户成长，保持活力应对挑战，化解危机，树立坚实而持久的目标。公司只要敢于给予足够的信任，年轻人总能回报以意想不到的精彩。

案例2：年轻顾问快速晋升的秘密

CGL有很多年轻顾问，因为公司给予了充分的信任，设计了自动晋升的机制，创造了快速成长的土壤，因而成长非常迅速，相较于行业内的同龄人，能力有了飞速的提升，同时也取得了非常出色的成绩。

Rachel是一名1994年出生的年轻顾问，目前带领6人团队，取得了年营收500万元的业绩，担任CGL合伙人。

一、有没有人说过"你不适合做猎头啊"？

你可能想不到，初看Rachel文文静静的样子，就像是一个应届毕业生，很多人看她第一印象感觉她不像是一个猎头，因为很多猎头性格都很外向、能说会道，很难料到她竟能取得现在的成绩。

正如她所说："之前也有CHO说我长得年轻，怀疑我年纪轻轻是否有足够的能力对接海外人才引进项目。"

但Rachel对自己的性格和职业的匹配性有很成熟的想法："因为大部分猎头都是销售型风格的顾问，但我属于专业咨询型风格的顾问，看起来虽然不够强势，但很有韧劲。像做这种海外人才引进项目，其实更能发挥我的优势。"

很多公司的年轻人因为性格或者资历的原因，可能需要漫长的积累才能走上自己职业发展的正轨。我们发现Rachel性格虽然内向，但是非常有韧性，而她走的是专业主义的咨询路线，以专业能力取得客户的认可。

二、财务专业出身，从事医疗器械行业高端岗位交付，客户会对你的专业度有担忧和顾虑吗？

我们也不禁会想：她这么年轻，专业能力是如何积累起来的？

看看Rachel的回答：

> 我是学财务的，医疗器械领域的专业壁垒非常高，一开始我也面临非常大的挑战，专业性不够的话，很难跟客户和候选人对话，人家一看你不专业，根本不会跟你合作。但我骨子里是一个不服输的人，我就自学了大量医疗器械英语教材，参加各种医疗器械行业展会论坛，了解行业发展现状和趋势，弥补专业上的欠缺。

我们发现，Rachel大学专业和现在的工作是不一样的，一开始Rachel也遭遇了专业的瓶颈，但她通过自己的努力打破了专业上的壁垒。

很多公司可能不太敢于给年轻人机会做自己不专业的领域，但一旦敢于给予信任，可能会获得意想不到的惊喜。

三、你会不会觉得自己的能力和职级是倒挂的？团队会不会觉得你还不适合做团队长？

Rachel从起步阶段的顾问开始到现在，用不到4年时间完成了5级晋升，还独立带领6人团队。她是如何完成从顾问向管理者的角色过渡的？她的团队管理能力是如何突破的？她是如何解决快速晋升带来的能力倒挂的问题的？

我有时候也会想我自己适不适合做团队长，尤其是刚开始带团队的时候，交代的任务反反复复做不好，我就想与其一遍遍地去教，还不如自己亲自动手去做更快，然后每天把自己搞得累死累活的。

后来才慢慢找到了培养团队的方法，我会把自己踩过的坑、自己打过的硬仗和面对特定问题的解决方案作为有效的经验与团队分享。而且带着团队从后台找人，走向前台一起去和客户直接沟通。这是让团队成长更快速的方式。其次，在打硬仗的过程中，我更多会有效授权，放手让下属去做重要的项目，给团队成员打硬仗的机会，以此契机培养更多业务骨干，给予他们业务资源和情绪关怀上的支持。

从Rachel的经历我们可以看出，只要有机会，年轻人终会直面自己遭遇的困境和挑战，寻找解决问题的办法，而后获得能力的突破和事业的成长。

四、客户会不会感觉你资历较浅，不放心跟你合作？

年轻顾问在服务客户的过程中还有一个很大的挑战就是消除客户的顾虑，获得客户的信任，毕竟把一个如此重大的项目交给一个年轻人全权负责，客户多少是有担心的。

那Rachel又是如何赢得客户的心的？

> 我们和客户是一种立体的战略合作关系，我们每周做会议复盘，会后纪要，招聘进程汇报，甚至提供驻场服务；我们通过这种专业的贴身服务，构建与客户的信任和黏性。我们还经常面临一些硬仗，比如遇到客户人事部门换血的情况，客户希望我过去驻场合作。在陌生环境、交接不充分、配合度差的情况下，我们只能积极主动寻求与业务沟通，一次不够两次，两次不够三次，直到把业务理顺，最后得到业务部门的认可和配合。我经常面临手边同时有60个紧急岗位招聘，有时候也会觉得力不从心，安排不过来；很多次通过自己的心态调整，另外加上业务部门的积极配合，在逆境中收获能量，最终突破自身的能力获得成功。短短一个季度的驻场，业务部门对我的评价都非常高，也经常对我的客户的老板说希望我去负责指定项目的招聘，最后这个客户也成功成为我们全公司前5收费的大客户。

看来年龄不是问题，年轻人一旦用心起来，就是一个成熟的顾问，其发挥的作用和产生的价值无疑是非常大的。

作为企业的管理者，没有必要给年轻人设限，给自我认知设限，不要对年轻人有刻板的固化认知。

五、这些高端候选人为什么要信任你，要和你合作？

我们再看看Rachel是如何赢得高端候选人的心的，毕竟这些高端人才引进都是非常慎重的。

我们主要还是靠专业用心的服务赢得了候选人的信任和合作。首先，我们是非常用心的团队。海外引进候选人周期很长，往往都需要1—2年才能最终落地回国，其间会碰到子女教育问题，我们会帮助去查相关国际学校信息、交通住宿信息，我们会查相关的APP给予数据支持，消除他们内心对于回国陌生的恐慌。

其次，我们还会帮助候选人做好文化上的融入。海外候选人初期融入企业时，会出现水土不服。我会作为窗口，尽我所能帮助他和不同团队打交道，让企业和候选人拉平期望，让企业看到候选人的能力，并将此内化为组织的能力，成为企业未来的核心竞争力。

最后，帮助候选人进入企业后能落地生根。很多海外人选落地会出现孤掌难鸣的情况。我也会快速明确其需求，帮助他们搭建自己的团队。我还根据手中业务搭建起了与他们能力匹配的小团队，让他们更加安心和有盼头地在组织内部生根发芽。

从Rachel的案例，我们深刻地感受到了每个人都有无限的成长潜能，每个人都可能成为卓越的顾问。只要平台给予年轻人充分的信任，给予足够的发展空间，哪怕是表面看起来"硬件条件"不是那么出色的年轻人也能回报以惊喜和意外。业务持续增长的根基是员工的持续成长，因此，我们需要把人的持续成长作为组织发展的基本设定。

案例3：全链路项目操盘快速成就年轻百万顾问

CGL有很多顾问非常年轻，但是单产极高。在国内猎头行业，百万顾问已经是很高的单产，相对人数不多。但在CGL，百万顾问竟比比皆是，更有不少刚毕业几年就能做到几百万元单产的顾问，这让整个行业感到不可思议。那么这其中的秘密是什么？我们从Grace的案例中一探究竟。

Grace，2020年大学毕业，今年26岁，2021年8月加入CGL，目前主要专注于互联网企业软件运营服务类的金融科技等客户的一些中高端技术岗位招聘，2022年预计个人回款250多万元。

一、为什么会选择加入猎头行业？工作两年后跟你当时想象的猎头行业一样吗？

对于很多应届生来说，猎头这个行业的吸引力似乎不是那么大，Grace是出于怎样的考虑，毕业就进入了猎头行业？

一开始我其实完全没有考虑过做猎头，当时实习期间也尝试了一些其他的工作，但是在一个朋友的聚会上了解到原来还有猎头这种工作，初步了解之后，我就去搜索了很多资料，然后了解到猎头所需要的一些能力品质，包括顾问的一些特点，我觉得我还挺匹配的。在了解到猎头的一些具体工作内容之后，我觉得很有意思。

在CGL工作两年后，和我当初对职业发展的预想有相同也有不同的地方。相同的地方，它如我设想的那样，会有不断的新的挑战，所以这很吸引我；而不一样的地方，我原先设想的是三年达到现在的成果，但是我提前一年完成了自己的三年规划。之前的预想是三年做到百万顾问，但今年回款已经250多万元了，预计今年年底开票能接近300万元。

从Grace的故事，我们看到选择适合自己的，热爱挑战，全情投入——你终将获得意想不到的成绩。

二、能做出这么高业绩背后的原因是什么？

Grace成长如此迅速，今年取得了远超预期的好成绩，原因是什么？看Grace怎么说：

主要有两点，首先是自己入行两年以来，对这个行业有非常大的兴趣，有很大的内在驱动力。其次就是今年年初的时候作了一个选择，年初1月份的时候，互联网行业还没有像从三四月份开始出现大批的裁员。但是在那个时候，我也接触到了一些业务前景很好的比较早期的创业公司，当时在这两类企业之间选择的时候，我选择了去做比较有前景的创业公司客户，把自己的大部分精力投入进去，所以我觉得首先做对了选择。这相当于陪伴客户从早期开始搭建团队，这对于我来说也算是一个转型，因为我过往主要服务的都是一些比较成熟的集团性的客户。

从Grace的案例可以看出，除了兴趣、自驱力，对行业和客户的选择可能是获得高业绩最关键的因素，在成熟企业和新兴企业做两选一时，她具有自己的敏锐度，避开了大企业裁员潮，而在新锐企业客户上成绩斐然。

三、你是如何赢得这些客户的信任的？

相比于成熟期企业，创新创业企业对顾问的要求会更高，因为他们没有标准——这对年轻顾问是一个很大的挑战。那么，怎么样去赢得这些客户或者候选人的信任？

首先最重要的，也是我心目中的观念，我不管是面对候选人还是面对我的客户，我在做任何事情的时候，都会从他们的利益角度出发，而不是以自我为中心去思考或者说去执行一些项目。

就这个比较早期的创业公司客户案例来说，让我印象非常深刻的是，到谈薪资的环节，客户会问我说Grace你觉得这个人我们给他什么样的薪资包合适。其实这对顾问来说挺有挑战的。如果你以自我的利益出发（候选人的薪资相对应的就是我们的收费），答案是不一样的。但当时我完全不会想到从收费考虑出发，去告诉客户一个什么样的薪酬包，我的第一反应是首先告诉客户，这样的候选人的市场价是多少。第二个告诉客户候选人目前的想法是怎么样的。第三个也会客观地结合我们公司目前的情况，然后综合去制订一个最合适的薪资方案给到候选人。

从Grace的分享中，我们看到的是：放下自己的利益，始终从客户和候选人的利益出发，才能获得客户的真正认可和信任——这不仅仅是理念，而且更应该成为一种实践信念。

四、你为什么能有这么快的成长速度？

无论是业绩还是服务客户，以及个人心智的成长，你都远超了同龄人，你觉得这么快的成长速度，背后的原因是什么？

我从入行以来可能也比较幸运，我了解到外面很多的猎头公司，他们对于新人，只把你当一个研究工具来用，你只负责在各种网站去搜索简历，不负责跟候选人以及跟客户沟通。但是我从加入这个行业开始，我就在交付端360度地去做。从资深前辈给我客户需求，然后由我自己去理解需求、给自己制定招聘的策略，再到网上去搜索，到安排面试所有的环节，包括谈薪资、辅导离职等等一系列的环节，都是自己去做的。第一年的时候我就很幸运有这样的全流程参与的机会。在CGL让我加深了客户对接这一部分的能力，给了我更多的机会，让我去提升我全链路做项目的能力。

从Grace的案例，我们不难发现"全链路的项目操盘能力"是顾问快速成长最关键的原因，相比于按照流程环节分工，全流程的项目经验积累才能让顾问快速成长为一个成熟的顾问，在CGL这是每一个顾问都享有的基本权利。

五、你身边一些高单产、成长快速的小伙伴有哪些共性？

在CGL有很多优秀的年轻顾问，他们都有怎样的相同特质？高单产顾问的成长秘密是什么？

第一，我观察下来那些做得很优秀的顾问，他们都很清楚自己想要什么。有很多年轻人是真的不知道自己适合做什么，也不知道自己该做什么。

第二，要对自己做的事情保有热情，我发现做得好的顾问都是很有热情的，不管是对这件事情本身，还是对这份工作，还是说跟候选人和客户打交道时中间环节的一些具体的事情，他们都很有热情和兴趣。其实我在刚入行的时候就有想过，我可能会在这个行业一条路走到黑。因为我选定和认清了这个事情的时候，我就会比较专注，不会轻易地去改变。

第三，想要做得好，要不断地去学习、不断地迭代自己，这是我从他们身上看到的非常明显的特质。

Grace告诉我们优秀顾问的三个最重要的特质：知道自己要什么、保持兴趣和热情、勤奋努力，就是这样一些朴素而深刻的道理，做出来了，人人都是优秀顾问！

六、你觉得自己未来成长的空间在哪里？如何进一步提升自己？

对于未来自己进一步的成长发展，Grace有怎样的思考呢？

这正好是我最近在思考的一个问题，因为从客户对接到全链路的交付，我已经这么去做了，我现在的问题可能就是需要更深入地去增加对这个行业的一些认知。这个很重要。把握对整个行业的认知，你就可以对客户或者候选人有更专业的输出，让你往更高的层面发展。

首先自己要去学习。你接触到一个行业后，最快速的方法就是去搜索大量的行业知识。其次，候选人和客户也是非常好的学习渠道，他们给了我很大的帮助，让我快速地成长起来。每一次跟资深的专业的候选人的交流，都是对他所处的行业、他正在做的事情的一个深入的了解；每一次跟客户的交流也都是对他所处的行业、业务、产品的一个学习的机会。我做猎头两年以来，经常碰到候选人暂时没有合适的岗位，我也会请教他问题。要真诚一点，并且在别人方便的时间去请教一些问题，大部分人还是非常乐意分享的。

只有两年工作经验的Grace，在完成了全链路项目操盘经验的积累后，已经开始拓展更深度的行业认知的二次成长轨道，相信Grace未来可期，祝愿她前程似锦。

CGL是一个创造奇迹的平台，很多年轻人认为难以企及的目标，在这里竟然快速提前实现了；在这里，年轻人的成长时间被大大压缩了，成长的挑战提前到来了，心智的成熟加速了，责任感和使命感被提早激发了！

案例4：从不商务拓展客户，如何踏上合伙人晋升之路？

合作分享，是CGL文化的重要组成部分。CGL诞生之初，就鼓励人与人之间保持链接和互动，CGL每年有近一半的业绩贡献来自内部的合作分享，很多年轻顾问也在合作分享过程中创造价值。CGL合伙人Murphy Yang将合作分享发挥到了极致，用他的话说："我在CGL从不BD，但我的单子永远做不完。"

一、CGL一直提倡"专业专注，合作分享"，我们的业绩有46%来自内部的分享合作。作为年轻顾问，你是如何看待合作分享这件事的？

加入CGL之初，我对"专业专注"是很理解的，但是对"合作分享"不是很理解。我对于猎头企业的认知，就是顾问对自己的客户和职位都是比较保守且保密的，怎么会分享出去呢？

来到CGL之后我发现，公司群里每天都有各式各样的求合作信息，各种合作机会漫天飞。加入CGL近两年时间里，我只BD了四家客户（给大家做个对比，和我同组的Jessica两年BD了100多家客户），其中两家还是刚入职时BD的教育行业客户，另外两家BD下来均不是自己擅长的领域，都送出去给其他同事对接了，并且被他们做成了KA（Jason Xuan和Jason Han）。比较好玩的是我的大KA是Jason Han BD的客户。

我们团队近两年有接近800万元的业绩都不是自己BD开发的客户，而是通过在CGL内部合作完成的。因为确实客户和职位太多了，真的不需要自己BD。

二、CGL打造了一个多元生态的创业平台，让每一个人都能在生态中找到适合自己的发展空间。在加入CGL后，你为什么会选择合作分享这条路径？

加入CGL之前，我服务的客户都是互联网大厂，以PS（Proactive Specialization，主动专注）模式为主，从早到晚打电话，给候选人匹配职位。加入CGL BIT（商业智能组）团队后，我对接的第一个客户就懵了。以前推人都是依靠公司系统数据库，而CGL做的职位偏高端，都是直接对接人力总裁和高管，需要通过一些外部渠道来寻找高端候选人。我无所适从，不知道如何在短时间内寻找到合适的候选人。当时刚加入又想快速出业绩，所以一开始是想坚持把之前积累的候选人资源消化掉，但做了1个月毫无产出，甚至一度想离职。

后来我老板Jerry告诉我，你加入CGL是需要改变的，如果你和之前没有任何变化，那你来CGL是没有意义的。我们专注于KA

客户交付，客户依靠我们，我们也需要对客户负责。

于是我转变了策略。当时客户公司远在长沙，客户职位难度在于社区团购大火，客户希望找到一线互联网大厂背景的高级别候选人，而当时各家头部大厂也在竞争合适的候选人。正当我一筹莫展的时候，同组的Lion给我推荐了一个候选人，告诉我这个人可能在看机会，但是脾气大，比较难沟通，要不你可以尝试沟通一下。而我的突出能力就是沟通力，所以就给候选人打了第一通电话。通过4个月的努力，这位候选人终于被我"搞定"，从北京来到长沙入职。

基于CGL 1126原则，Lion同学成功分到了20%的业绩，而我也成功交付了我在CGL的第一单。后来我自己引入一家互联网教育客户，而这家客户的第一单仅仅是因为CGL大消费组的同事在公司群里分享了一份简历，由我推荐给客户，于是便成了我的第二单，这位同学也成功分到60%的业绩。

我觉得在CGL这样合作也太开心了，让擅长BD的同学去BD好客户，让擅长交付的同学好好做交付。互帮互助，开心分钱。

三、合作带来效率的提升，但伴随而来的可能也会有利益分配的冲突。在过往合作的项目中，你是否遇到过这种冲突呢？

这是个好问题，我很多合作都是跨团队、跨地域的，远程交流的过程中难免会有误会和冲突。就像我之前跟其他分公司的一位同事合作，当时两个人因为一个小误会而吵架，出现了非常大的矛盾，当然后来也心平气和解决了问题。这位当初和我"撕"得最厉害的同事，后来也成了跟我合作得最好最久的一位伙伴。

其实所有的冲突皆来自利益的分配，遇到冲突，大家都互相让一步，可能你这一步让了，未来会有更好的合作，因为别人也会记住你的好。当然前期还是需要磨合的，正所谓"不打不相识"嘛，可能"打着打着"，就把合作取消了。

而且CGL内部的合作，其实都是"特种兵"作战，交付速度和交付质量更高，客户利益也得到了维护，对于专业顾问来说，这才是我们最大的利益。

四、我们知道你还有个标签，是CGL的"社交达人"，你在选择合作的对象时，会特别选择那些能跟自己"玩得来"的顾问吗？

我在加入CGL之初确实会有一个心态，就是打好自己的标签，然后根据自己的偏好选择沟通界面好的同事。互相信任，长期主义。

后来随着合作越来越多，我发现CGL有各种风格的顾问，大家做事方式可能各不相同，但都是以结果为导向。在内部合作分享时，别给自己事先限定只找那些"玩得来"的同事，我们要做的是更多地互相了解，这样路才能越走越宽，玩伴才能越来越多。

高效的合作不在于别人，而取决于我们自己。我们尽力做好自己应该交付的工作流程，例如做好候选人的推荐报告，梳理清楚候选人所有的诉求以及信息，提高合作的效率，这样第一次磨合下来，第二、第三次就非常地顺畅且简单。

五、一切不以交付为目的的合作都是耍流氓。你在选择合作的项目时，有哪些标准，可以保证一定会有交付？

我对所有跟我第一次合作的同事就一句话"只要客户靠谱，我接了这单，我就一定会交付"。我始终坚定一个信念：一家靠谱的客户职位越难，客户对于你的依赖度就越大，只要你用心啃，就没有啃不下来的单子。

我也很喜欢做难的单子，因为难的单子竞争小，客户依赖度高，我的可把控力也强。哪怕最后出于一些原因交付不了，我也会对我期间做的事情进行复盘，对客户有交代。

　　　　　　　　　　　　　　　　　　　　横向组织

六、正如你所说，你"吃到了合作分享的红利"。你现在也在带团队，会在团队内推广合作分享这种模式吗？你认为成功的合作分享是可复制的吗？

客户利益是一切利益的基础，也是我们追求的最高利益。在服务好客户这个共同目标下，CGL的合作分享其实万变不离其宗。我的小团队里所有的成员都继承了我的优良传统，所以我从来不担心他们的客户问题。他们每个人在加入CGL时，我都会告诉他们第一点就是合作、舍得、互利。每天注意公司群的消息，每天定时关注公司"才给力"平台，找到可以合作的同事后虚心请教，用心对待每一个职位。

我曾经和北京医疗团队Cherry、北京金融组Celine、上海金融组Cherry的整个团队合作过，还有广州的Johnny Liang、Jason Xuan，成都的卷王Jason Han、Nana，以及跟CGL子品牌DEEPIN团队的Herry，TTC的Lucy、Lina、Una等。在团队里推广合作分享，也会非常节省你的管理成本，因为大家都很独立，都在为自己的结果负责，一举多得，何乐不为。

案例 5：利用活水计划破解职场幸福感难题

当我们在讨论职场幸福感的时候，我们是指员工福利、心理关怀、职业发展，还是什么别的？幸福感是一个非常个人化的感受，可能并没有一个统一的幸福感存在，因此，我们难以在普遍意义上定义幸福感。但是，当员工发生极端事件时，我们可以确定地判定员工的不幸福感产生了，比如同事之间矛盾激化、愤然离职等。因此，我们把如何预防极端性事件产生，作为破解职场幸福感难题的关键支点。

那么，CGL 是如何破解这个职场幸福感难题的，我们找到五个"活水计划"的案例，听听他们对这一机制的感受。

一、你当时为什么要参加"活水计划"？如果没有"活水计划"你打算怎么办？

William：这个其实是我考虑了很久，并结合自身职业规划的一个选择。我是一个刚刚有一年多经验的小猎头。加入 CGL 之前，我是一直在做自动驾驶、芯片等行业研发方向的。加入 CGL 后，我转型做医药行业的研发，这与我想做的研发方向不太一样，所以我决定还是转回去做自己喜欢的方向，我希望继续在高新技术产业的研发技术行业进行深耕，因此参加了"活水计划"。如果没有"活水计划"的话，可能我现在已经不在CGL了吧。

ZY：由于跟前团队领导的理念不合以及管理风格的不适应，我因此参加公司的"活水计划"。如果没有"活水计划"，我将会选择离开。

Sammi：主要是和前老板的合作理念有分歧，我因此参加"活水计划"。如果没有"活水计划"，我会考虑做独立顾问，反正一定要做出点业绩证明自己才行。

Shaw：因为当时是在KC（knowledge content，知识中台）团队，主要支持前线的业务团队，我当时觉得我个人没有职业发展空间，我也希望能够系统学习猎头全流程；而且在我刚入职的时候，公司给我的定位就是可以转猎头。所以我一开始就有"活水"这个想法。如果没有"活水计划"，我可能要重新考虑下我要做什么行业，甚至有可能离开猎头行业，因为刚毕业的我是希望做市场的，我有可能离开去做市场相关的工作。

七七：我在KC期间会接触到业务团队一些简单的工作，但基本还是以支持和辅助为主，蛮想直接地参与和感受下案例全流程的，所以一直以来心里都有这么个想法，后来刚好公司也有提供这样的机会，一年多在中台的沉淀后也想去看看新的挑战吧，想收获新的成长。

从上面的案例可以看出，可能因为上下级相处的问题、工作兴趣的问题、职业发展方向的问题等等，让员工职业发展陷入了困境。如果没有"活水计划"，很可能导致员工的离职。但往往在很多企业，公司其实是不知道员工离职的真实原因，或者根本解决不了存在的矛盾，让员工流失不得不发生。

二、决定参加"活水计划"前你有哪些顾虑？参加"活水计划"后这些顾虑打消了吗？

William：打消了啊，前老板在我离开时还欢迎我合作，同事关系甚至更好了，现老板与前老板每次聊天也很热络的，之前合作的案例也会继续，后续的有我擅长的部分，他们还会找我，大家对我还是原来的样子，也十分理解我的选择。

ZY：最大的顾虑是虽然公司有"活水"的政策，但不确定公司是否按照政策来实施，不确定公司决策层是否碍于高级合伙人的阻拦而同意"活水"。同时，也担心如果"活水"不成功，是否消息会被原团队长知道而引来一系列的刁难。参加"活水"后，这些顾虑基本都打消了。公司的这项政策并不是形同虚设，而是真的实行了。

Sammi：感觉就是背水一战，参加"活水"的精神压力很大；对新老板不是太了解，毕竟刚进公司3个月就要"活水"了，担心合作相处和磨合；参加"活水计划"后这些顾虑都打消了，也正确地把压力化成了动力。

Shaw：我一开始担心自己无法找到适合自己的团队，去了新的团队不适应，无法和团队成员或者领导沟通默契，还有担心自己不适合做猎头，接受不了高强度的工作。参加"活水计划"后这些顾虑都打消了，我很感谢公司的后台部门，帮助我一步步找到了合适的团队，并且给了我一些磨合的时间，让我能完全适应新的团队。

七七：可能最大的顾虑就是如何选择行业赛道吧，我本身有选择恐惧症，加上公司内部可以选择的方向其实很多，所以会考虑和想的就更复杂一些了；参加"活水"后顾虑肯定是打消了的，最后选择了人力资源职能，因为它在行业上没有太多限制，什么行业都会有机会去接触和学习。

我们欣喜地看到，在参加"活水"前员工都有很大的顾虑，担心"活水计划"的可行性、担心老板反对后的尴尬、担心与新老板的磨合、担心新团队的适应、担心"活水"后自己的成长表现，对职业的变化充满焦虑。但是，在参加"活水"后，这些问题和顾虑都一一消除了。

三、参加"活水计划"后，你的问题得以解决了吗？

William：解决了，我的新老板在充分给予我信任的基础上，给了我多个方向多个选择，让我自己选择所做的方向与案例。作为一名资深猎头，她通过案例，给我讲解了从客户到候选人各个动作的注意要点，告诉我如何处理突发情况，个人感觉这是我职业生涯能力提升最快的一段时间，在她的帮助下，我以AC排名第一名升入C职级。现在每天上班都非常开心、充满干劲！

ZY：问题得以解决了。新的团队长不会因我是"活水"过来而对我区别对待。同时，我更能适应新的团队氛围，工作起来也很有动力。"活水"前和新团队长有过沟通，性格、管理风格能匹配。新团队长很职业化，管理很人性化，理解员工的难处，过程中有很多的沟通，整体很支持。

Sammi："活水"后我的职业发展很顺利，每年超额完成个人业绩，在2021年底升到了合伙人，现在带领4人团队。今年我也是超额完成个人和团队业绩，而且和新老板合作也很愉快。

Shaw：是的，我的问题都解决了，职业有了新发展，现在也找到了自己比较喜欢的行业做招聘。目前在公司快4年了，升到了SC，今年回款100多万元。同时也提升了自己的抗压能力，很感谢我的领导让我接触了很多行业和职能，帮助我确定下来自己未来的行业方向。

七七：因为自己是寻着挑战去的，总体感受下来，一线业务的挑战是超出我原本预期的，接触的每一个案例都需要提前去做学习和准备，一直在成长和吸收，大的挑战下成长速度也会更快一些。

参加"活水"后的员工，基本上都获得了在CGL平台上的新生，让职业发展稳定下来了。他们都在努力工作，取得了很不错的成绩，获得了职级晋升的认可。"活水计划"让本来可能流失的员工，得到了更好的成长和发展。

四、申请"活水"后，你的前老板支持吗？

William：支持的，因为我们做的方向不太一样，所以对她没有产生影响，她对于我的"活水"没有顾虑，和平分手，且对我表示祝福。

ZY：前老板当然不支持"活水"，但我通过自身力量，尝试去影响决策层。最后公司高层站在整体政策的立场，和前老板沟通，最终实施了这个政策。因此也要感谢公司的高层。

Sammi：前老板应该不支持吧，TA可能希望我离开公司，毕竟闹掰了双方都不愉快。

Shaw：完全支持，我前老板一步步帮我选择新的团队，并且帮我
　　　对接团队长，让我更好的"活水"。这本来就是公司内部的文
　　　化，老板非常支持员工的选择。

七七：蛮支持的，其实在我纠结的过程中，他也会给我提供一些选
　　　择建议，"活水"之后也在关注我的成长，记得刚成第一单的
　　　时候前老板也来祝贺我。

　　在"活水计划"后，员工和前老板的关系有恶化的、有反对的、有
支持的、有鼓励的，这取决于双方前期的相处状态；但在CGL这个平
台上，"活水计划"作为一个政策，还是不折不扣地被执行了，坚定地
维护了让每个顾问获得更好的职业发展的基本原则。

五、参加"活水计划"对你真正的价值是什么？如何用一句话来评价"活水计划"？

William：我认为其价值是给我这样的年轻的顾问一个试错的机会，
　　　或者说一次再选择的机会，比如像我一开始都不清楚到底想要
　　　什么，对公司玩法理解的都不透彻，"活水计划"再次激发了
　　　我工作的热情！一句话评价是：合理的人尽其才，有格局的物

尽其用，让我们可以悉用其力。

ZY：参加"活水"是因为想留在CGL，不想离开，不用离职出去适应其他的公司；也不需要离职，就可以更好地融入公司，获得更稳定的发展。如果用一句话评价"活水计划"，我想说：感谢"活水"，给员工有不同选择的机会，也让领导们正视团队员工。

Sammi："活水"是二次选择的机会，也是自我价值和能力证明的机会。CGL的包容性非常强。"活水"也是一个相互选择的过程，首先还是需要顾问自身有很强的能力，其次也是对领导权力的约束，TL需要时刻赋能和提升自己的领导力。

Shaw：我觉得对我的价值是挖掘了自己真正的兴趣，让职业发展方向更加清晰，个人有成长，收获比较大，更好的成就自己。用一句话来评价：感谢"活水计划"，让我找到了更适合自己发展的团队。

七七："活水"其实是给了我们再一次选择的机会，是在真正考虑员工的成长和长期发展，帮助员工找到合适自己的土壤；总之就是：让我们能去选择真正热爱的领域和方向，这个真正热爱还是需要时间和经历来做筛选的。

从以上案例看，"活水计划"给员工带来的核心价值是二次选择的机会，包括重新选择领导、选择团队、选择业务方向等，这样使得员工在CGL这个平台上能获得新的发展契机，也让员工的价值得以实现和最大化。

CGL"活水计划"的实践表现证实了这样一件事情：在员工职业幸福感恶化的情况下，"活水计划"可以帮助员工获得职业新生。"活水计划"机制设计的底层思想是：赋予员工流动的自由，让员工可以在不同的城市、不同的办公室、不同的团队、不同的业务领域、不同的职能板块流动，为员工创造更好的发展环境；通过提供更有利员工自我发展的环境及条件，让员工获得更好的成长和发展。同时，"活水计划"对团队长来说，也是一种管理约束，倒逼团队长不断成长提升自身领导力，用魅力而不是权力对团队成员实施影响，这同样更有利于团队长的个人成长和突破，从而让员工和团队长都获得长足的发展。

案例6：百花齐放式管理风格打造高绩效团队

CGL的顾问平均年单产超80万元，远远高于国内行业30万元不到的整体平均水平，而在CGL，人均单产超百万元的团队比比皆是。我们不禁要问，这些团队采用了怎样的管理方式，才能打造出这一个个远超行业水平的高绩效团队？

为此，我们寻找到5个高绩效团队一探究竟。我们邀请了5位年轻的团队长：Suzzi、Morrow、Gavey、Leon、Benjiamin，看看他们在管理方式上的共性和差异。

一、你在团队管理上采用的是什么管理风格？

Suzzi：业务定位自由、过程自由、资源开放、灵活派活、氛围开放——充分发挥顾问的个人能动力，帮助顾问寻找业务定位，以结果为导向，过程方法自由，以解决客户的需求为目标，开放客户资源给顾问直接对接，灵活派单，让擅长的人做擅长的项目，打造工作的轻松范围，轻松上阵。

Morrow：专业化管理，就是建立服务质量管理标准——猎头是一个做专业服务的工作，客户不仅买我们的交付结果，也买了我们的服务；CGL也一直倡导专业专注，顾问在服务过程中需要有服务标准；在我的团队，每一位顾问对于猎前准备学习工作、猎中职位推进流程化、文档规范化、客户服务职业化都有清楚认识，这是我们长期训练和强调的结果。

Gavey：民主赋能的管理风格——顾问拥有选择权，可以自主选择订单；顾问自主制定自己的目标，共同商定团队目标；将权力和责任下放到顾问，顾问独立做业务闭环。

Leon：激发善意，用人所长，因材施教，百花齐放——激发善意是彼得·德鲁克说的，当一个员工有了善意，那他就减小了阻力，自发地做很多事情了，我们更容易形成合力，达成共同的目的。员工打破僵化思维，感受到善意，从被迫做变成我想要做，培养他的成长性思维，那一切就开始往好的方向发展。再说到用人所长和因材施教吧，因为每个人都是有自己的特点的，你用好了他就可以在自己的环节发光、发亮、有信心，依然是一个很好的正向循环。因材施教是团队不可百分之百地招来了就能用，他一定有一个培养的过程。选育用留，培育在第2位。我会根据大家不同的诉求点、当下不同的能力分布，制订一些定制化的培训方案来培养大家。当前三个做到了以后，他们可以各自用相似而不同的方法，在猎头的这个职场中取得不错的成绩。

Benjiamin：DAO自治团队——DAO具有自主和共识的特点，自主体现在节点上，每个人都是组织的节点，有很强的自主性；共识体现在团队上。通过业务管理、人员管理、流程管理三个维度的管理，最终实现"可持续发展"和"高单产"的团队。

从以上访谈可以看出，5位优秀的团队长都有着自己独特的管理理念和管理方式，我们也发现在CGL平台层面，并没有倡导一种统一的管理方式。平台鼓励的也是一种百花齐放的管理局面。对于每一个团队而言，最重要的是找到适合自己的管理方式。

二、这种管理方式对于团队绩效提升的影响是什么？

Suzzi：一切都为结果导向而设定，不用为了做绩效指标而做绩效指标，适当做减法是为了未来能够更加精准地瞄准目标，把时间花在刀刃上。鼓励团队成员找到适合自己的方向，能够更大地激发出每位顾问的主人翁意识和潜能，使其明白工作都是为了自己。让合适的人做合适的事情，也是因材施教，希望能够最大限度地释放每个人的潜能。

Morrow：首先，在高标准高要求管理下培训出来的顾问，能够给客户提供更好的服务，也更容易获得客户信任，这也是我们的服务竞争力之一。其次，对于顾问自身而言，严格要求可以让他们在实操过程中面对复杂问题时更游刃有余，也更有利于独立顾问的培养。

Gavey：这种方式会让团队目标一致，彼此自驱，发挥主观能动性解决挑战，且业务直达，高效，沟通成本低。

Leon：提升团队绩效的底层逻辑是什么？是上下同欲，互为利益共同体。当做任何一个事情，我们都有共同的目标时，当完成目标对我们双方都有好处时，每一个人都希望把它做成，这样就最大限度地降低了内部沟通的成本，提高了协同的效率。再加上坚定的目标感，我们就能够得到好的结果，绩效自然就提升了。那如何能够让大家上下同欲，互为利益共同体呢？我们首先需要明确团队各自本身的诉求："我想来这里做什么，成长为什么样子；想在这里得到什么东西，未来发展的路径又是什么……"什么样的员工愿意跟你掏心窝子地说这些内容？当然就是被激发出善意的员工了。且他经过培训有了很好的体系化思维，也有了很好的协作模式和不错的认知。他知道当一个事情是能够让我们实现双赢的时候，效果是最好的。因此，被激发了善意的员工，会主动地去努力争取大家想要的东西，一个团队一起往前冲，那么得到好的结果是概率较大的。

Benjiamin：共识和自主是绩效提升的基础。共识是持续增长的基础，让团队实现敏捷性、协同性；自主是顾问能力瓶塞的"开瓶器"，让团队更自驱。而业务、人员、流程管理是绩效提升的三个抓手：① 业务管理：确保客户体验——采用针对业务的强管理，是管理业务本身，对象是业务，而非人，这是为了确保服务质量；② 成员管理：保障顾问成长——采用赋能而非管理，顾问的成长不是教会的，顾问的成长是自我突破实现的（通过观察身边大量的优秀顾问，会发现所有的顾问成长突破的关键瓶颈，都是靠自驱实现的），所以要赋能顾问使其不断成长；③ 流程管理：提升细节效率——采用精益管理：精益化使业务整个流程运转效率更高效。

我们欣喜地看到，5位团队长都把自己的管理理念融入了自己的管理实践当中，并形成了知与行的统一。这种管理理念的领悟与知行的统一，是很难通过培训的方式传授的，只能依靠团队长自己的实践摸索，形成自己独特的内在领悟，这种领悟会启发团队长找到适合自己团队、带领自己团队走向高绩效的发展路径。

三、这种管理方式对团队长的挑战是什么？如何应对？

Suzzi：开放灵活宽松的工作方式并不适合每一位员工，这种管理
　　　方式对顾问的要求是比较高的，它比较适合自驱力强、自律性
　　　高的员工。太过宽松，一旦出了问题可能会后知后觉。松弛有

致的工作节奏是目标，而我们的解决方案就是要定时、适时地做过程把控和目标设定，分解目标，拆解目标，让团队的人执行，保持紧张感。

Morrow：首先需要团队长建立标准体系，并且以身作则，高标准要求自己；其次是让顾问接受我们是做专业服务的职业，不论客户要求与否，保证专业度都是基础标准。顾问可能有时会觉得没必要，好像有时不需要这么严格要求也能成单。但我始终觉得，顾问应该明白好的定义和标准是什么。

Gavey：对于团队长有三点挑战：第一是团队长要能抓住关键指标、关键节点；第二是团队长要能和顾问默契配合、高效协同；第三是团队长需要有强包容心，允许顾问犯错。

Leon：这种管理方式对团队长的挑战还是挺大的。第一个挑战是团队长必须是火眼金睛，在选人的时候要挑对。第二个挑战，自然就是你如何赋能这些小伙伴，你需要有很强的洞察力和总结能力，去复盘自己能够做得好的原因和行业里面那些大咖都有哪些成功的特质，是需要你帮助团队一起形成标准动作的。第三个挑战是团队长必须要持续学习。水能载舟，团队能撑住你上来，亦能覆舟，当他们跟你学不到东西的时候，那自然而然他们会去选择能够学习的地方。我也不希望自己成为团队的瓶颈。第四个挑战是从团队培训开始到见效是需要周期的。从认识问题到解决问题，从培养能力到形成习惯，然后打造自己的猎头体系，它是一个短期波动、长期缓慢但却坚定上升的趋势，要播下种子静等花开，在此期间，团队长自己要能够撑起团队的业绩。

Benjiamin：第一是需要挖掘每一位顾问的自驱力，这种管理模式对自驱力有较强要求；第二是思维模式上的挑战，团队长需要有短周期的收益思维，也要有长周期的成长性思维；第三是赋能手段的挑战，团队长要有教练类型的技能，将管理和赋能，通过教练式的日常工作流程来推进；第四是业务技能，团队长要有能掌控每个业务流程的扎实技能；最后还需要团队长协同互补：事实上，每一个团队长只是一个业务单元，这里最大的挑战就是每一个团队长的技能点都是有限的。所以我会更加期待不同的团队长之间形成互补，多个互补的TL之间才能形成一个完整的"管理链"。单个团队，在我看来，是无法完成一个良好循环可持续的"管理方式"的。

由上可见，不同的管理方式有其自身对团队长的独特要求和挑战，而应对这些挑战对团队长的能力和特质要求是不一样的。每一种管理方式对应着一种类型的能力和特征；因此，我们可以说没有最好的管理方式，只有最适合的管理方式。一旦团队长找到了适合自己能力和特质的管理方式，同样都能够带领团队实现高绩效的目标。

四、如何评价管理方式的好坏与优劣？

Suzzi：我认为好的管理，首先是从我们这个行业的特性来看，业绩目标的达成肯定是第一位的。其次是关系到每位团队成员的个人成长和职业发展，以及团队有序的稳定度、内部榜样的设立。不好的管理就是为了管理而管理，形式主义，最后没有结果产出。

Morrow：首先当然是团队效益，这是最客观也是最直观的评价。其次，除了业绩以外，客户对于顾问的评价我也觉得很重要。如果客户觉得我们的顾问不仅能提供交付，还能提供其他附加价值，那对于团队长来说也是个好的评价。最后很重要的一点是，顾问对于自己的评价，如果在我的团队里，他们觉得有所学习和进步，有能力的提升，那也算是好的标准。

Gavey：管理的好坏要看结果，是否高绩效；也要看氛围，内部是否目标一致，是否相互信任。

Leon：很多人认为管理方式的好坏是可以由团队业绩来衡量的，我认为对，但不全对。好的管理方式应该是可持续地产出业绩，这个可持续是指当天时地利人和等外部因素都对你产生不利影响时，你依然可以带领团队活下去，并且取得不错的业绩。比如不可抗力的疫情、特殊时期的政策、得力干将突然请辞离开等等。在这样飞速变化的环境下，能够持续稳定地带领团队打胜仗，那管理方式就是好的。

Benjiamin：可以从三个维度来评价。第一，管理人的维度，赋能——更加清晰地了解顾问发展阶段，因材施教的能力；了解顾问的短期效益和长期潜力的平衡。第二，管理业务的维度——总业务量和单产的持续提升，业绩导向。第三，管理流程的维度——怎么在保证服务质量的前提下，让流程更精简，让大家受益，解决复杂的根本性问题，让简单实现高效率等。

关于什么是好的管理方式，5位团队长在这个问题上的最大共识是：业绩、成长、效率。首先大家都非常强调，不论是团队整体的还是个人单产的业绩的高绩效和持续性，是最直观的管理成果；其次是个人的成长，个人的成长是业绩提升的基础；最后是效率，效率要解决的是投入和产出的问题，在有限的资源、时间、精力等条件下如何做更高的产出，这是团队核心竞争力的表现。

五、你在高绩效团队打造上的管理秘诀是什么？

Suzzi：激发每个团队成员的自信，让小伙伴相信自己，树立信心，挖掘潜能，发挥顾问的自驱动力，团结奋斗。

Morrow：用高标准严格要求，然后充分授权；严格要求是我作为
团队长的责任，而充分授权是我对于顾问的信任。

Gavey：管理要顺人性。保持热情，精神饱满地对待员工；及时提
醒，及时给予帮助。管理也要有原则，清晰地表达我们提倡什
么、反对什么。

Leon：相信顾问，用人不疑，疑人不用；能力不到，需要培养；
和"善意"相呼应；互信互利，达成双赢。

Benjiamin：就是成人达己。这是创始人老P一直在重复的，这个是
心法。上面的具体方法全是招式，大道至简。

5位团队长对高绩效团队打造的管理秘密的总结，包括：激发自信
和自驱、高标准严要求、管理顺应人性、激发善意互信互利、成人达
己。我们可以看出，其中的共性是：以人为本，这也正是CGL组织的
思想内核之一。

面对如此多的小团队，如何确保每一个团队都能蓬勃地发展——
我想这对于任何一个组织的管理者来说都是一个不小的挑战。如果我们
致力于寻求一种有效的管理方式，这可能就是世界上最远的捷径，因为
我们可能永远都找不到一种适合每个团队的管理方式。即使是同一种管
理方式，在不同的团队落地形态上也是不一样的，这个问题的根源就

在于人与人的差异，这是管理认知的基本前提。因此，回过头来看今天CGL的管理形态，赋予每位团队长选择管理方式的自由、倡导管理模式的适配性、鼓励百花齐放的管理局面，这些是CGL已经找到的最优解。

案例 7：大团队长的创业精神解密

CGL本质上是一个共生共创的创业孵化平台，每位一级团队长就是一个创业者。CGL倡导每个人都要具备创业精神，这样才能最好地成就自我。那CGL的创业精神具体是如何体现的？我们可以从一位大团队长的身上学习到。

Ken是CGL医疗大健康团队负责人，带领40多人的团队，一年做出3千万元的业绩。他同时也是CGL上海第一分公司的负责人。作为CGL的管理合伙人，Ken在CGL初创时期便加入公司，五年来一路带领团队从零到一，同时也完成了从大团队长到管理合伙人的角色转换。一路走来，创业精神一直是他的核心驱动力，让我们看看他的"创业"过程中的酸甜苦辣！

一、创业精神是怎么体现的？

第一点应该是热爱，或者说是长期主义，这两个应该是并存的。因为你热爱一个行业，你对未来会有信仰，所以你可能相对来说是一个长期主义者。因为创业不是短期就有结果的，所以需要长期主义的信念。

第二点是创业这件事情其实没有想象当中那么美好，有很多一地鸡毛的事情需要立马解决，所以需要有很强的解决问题的能力，不论你当下拥有什么条件，你都必须要解决眼前的一个一个事情。

第三点，自己贴的一个标签是，一定要勤奋和努力。

Ken对创业精神的体现主要在热爱、长期主义、解决问题、勤奋努力这几个维度上。

二、在创业初期，记忆特别深刻的故事是什么？

创业能把人逼到一个极致的状态。我觉得创业是会把人逼到一个相对绝境里面去的，因为没有退路可走，要么成功，要么可能就是失败或者破产。在这种情况下，人会把自己逼到一个比较极致的状态。

我记得刚加入CGL，每天看到运营成本、管理成本的时候，都压力巨大，跟自己创业的感觉是差不多的，不知道明天怎么继续下去。那个时候但凡有一个客户愿意给我们一次机会，我肯定会全力以赴的。我记得非常清楚，当时刚来没多久，有一个北京的客户，离北京市区比较远，在五环之外，当时有一个项目希望我们能来聊聊，我当场就说我们马上可以安排过来面谈。

那是一个非常寒冷的冬天，当时我买了大概凌晨4点的火车票。到了北京站后，再花一个半小时坐车到那边。正好北京开始下雪了，我在雪天等了大概半个小时，等到人事把我接进去。其实当时拿回来的案子也不是特别大，也就是两个总监级别的岗位，但是我非常珍惜。很幸运我们最终都成功完成了。

在这个过程当中，我深有体会的是：当你在没有任何选择的情况下，只能拼尽全力地把眼前的事情做好。很多时候我会问自己，如果不试一把，你不知道自己的潜能到底在哪里，我觉得创业这件事情是可以把你的潜力激发出来的。我当时站在客户门口的时候，我就在想，如果我这样地努力都做不起来，我可能这辈子自认能力有限了，但至少我也努力过了，没有什么太多的遗憾。

三、团队重组、小伙伴离开、新成员加入——对你来说是挑战吗？

以前很多时候很难理解，为什么那么多成熟型的公司，我们让他换一个高管，他那么犹豫；又或者是一些人的离职、新人的替换，对于老团队的伤害到底在哪里？过去是因为自己本身没有经历过这个事情，所以对这方面的认知比较少，而我自己走过这一遍的时候，才发现这里面是说起来容易，但是做起来会很难的。

横向组织

举个例子，过去几年我们团队有一些流动。有一个话题我不知道大家会不会有共鸣，就是当你在创业的时候，你要带领团队往前走，你要拿结果，而你到底要不要淘汰掉那些能力上不太符合你团队发展要求、但他又曾经在过去撑你一把的陪伴过你的人，所以在这些问题上其实是有很多人性方面的一些考量和纠葛的。

说老实话，我在初期的时候，还是比较重感情的，所以很多抉择都不是我做的；或者也会有一些更妥当的安排，比方说这个人的忠诚度很高，但是他在这个岗位上没有办法发挥他的价值，可能调去别的岗位，他就能发挥价值，我们也在想尽一切办法尽可能地帮助我们的老人能够成长。

从 Ken 的身上，我们看到一个创业者在团队成员淘汰上的感情纠葛和不得已，以及想尽办法帮助其成长或者让其尝试更适合的岗位，这是所有创业者都无法回避的问题和挑战。

四、打工和创业还是有很大区别的，有过重新调整创业认知的这个阶段吗？

打工肯定是希望钱多事少离家近对吧？追求的是职场的幸福感，是怎么样让自己能够舒服对吧？很多时候是这样子的。但是我觉得创业就相当于是我今天来组局，需要有很强的领导力，要让别人感到开心的同时，也要让自己能够变得更好，我觉得这个是创业。它是一个你要变得更好的过程，所以一般都不会特别顺心。比如说健身，每个健身的人是不是都会说在健身的过程当中很幸福？一般都不会。所以我觉得这个是打工和创业的一个挺大的不一样的点。

我是乐观派，我对于很多事情的看法，天然地会比较乐观一点，但是在实际的操作过程当中，很多时候还是会跟原先的设想背道而驰。但是我不会陷进去，不会因为这个事情不按照自己的想法来，就说为什么会这样，然后开始纠结。我觉得最重要的一点是你能够走出来，你能够往前看，也就是说事情既然已经这样了，我们看看怎么能把这个事情解决，什么是最优解，然后下一步怎么走，这个是我现在的一个想法。

打工更注重过程的幸福感；创业的过程是痛苦的，但结果是让我们变得更好；真实的创业和Ken一开始的想法是不一样的，但Ken认为最重要的是从自我设想中走出来，向前看，去解决问题，寻求最优解。我们觉得这个洞察会对很多人有启发。

在创业的过程中，有哪些个人或团队的成长发展是让你感到骄傲的？ Ken说：

你会看到很多的小伙伴，在一个比较极致的生存条件下获得了一个快速发展，就像我说把人逼到一个绝境里的话，有些时候会绽放出更不一样的光彩。在我团队里面也会有一些曾经我觉得可能需要花5—10年，才会成为一个成熟领导的人。但是来了我们这边以后，他3年就能完全独当一面，绽放出非常好的光芒。当你看到他那个状态的时候，你会觉得自己长期坚持的很多事情其实是有意义的。

最让Ken感到骄傲的事情就是看到团队成员远超预期的发展速度，快速成为能独当一面的新团队长。

五、你想把这个团队打造成什么样子，或者你有没有想过自己做一个品牌？

我觉得首先还是要从集团公司的角度看，我们的大方向在哪里，然后在大的组织战略下面，我们又能做些什么，同时又能够满足我们团队或者个体顾问的一些目标和需求，这个就是协同发展。在两方协同的情况下，我们会去寻求一个发展思路，确定什么样的方案是最好的，什么是适合当下的方案。

对未来的规划也有想过，因为职业发展到一定阶段后，肯定会往职业的下一个阶段去思考，我也在想，做子品牌的目的到底是什么？如果仅仅是因为头衔、权利或者是因为其他的东西，我觉得就没有什么太大的必要。如果说一旦我们要寻求一个新的方向，一定是现有的业务单元没有触达，或者是没有这样的一个考量，或者是在现有方面没有办法做出突破或者做出方案的时候，我们有一些新的突破或新的增量的时候，我们才会考量在新方向做子品牌的事情。如果在这个过程当中我能出一份力，我当然愿意举手说，我愿意去做这样的一个事情，然后为整体的发展去做一个谋划。另外，就是当团队的发展在内部机制上遇到一些挑战或瓶颈，为了释放团队的活力，我可能也会考虑做一个新东西或者品牌出来，但更多的还是为了团队的发展去做这个考量。

Ken的团队发展到现在的阶段，也开始考虑未来的发展规划问题。如果在业务发展突破上有必要做一个子品牌或者新的创业形式，Ken也会把自己的事业在CGL这个平台上推向一个新的阶段。

从Ken的案例中，我们看到了一位优秀创业者的成长历程，从对创业精神的理解，到全力以赴开创事业、带团队、打造团队、培养人才、规划业务发展，脚踏实地地一步步成长为一位成熟的创业者！

致 谢

在繁忙的工作间隙，利用各种片段化的时间和整段的春节假期写作，我们终于完工，这个过程不容易。

感谢所有参与"CGL×塞氏中国研究院：组织力持续提升与自组织标杆案例共创"的项目组成员，包括CGL的王忠（Winston）、刘妍（Joyce）、薛亮（Johnson）、胡芳（Carol）、陈正洁（Angel）、方玲（Fiona）、许石峰（David）、肖玛峰（Max），以及塞氏中国研究院的Luuk Willems（荷兰）、史华东、闫轶卿、朱敏、陈卉卉、谢文倩、顾琪静等。还要感谢为本书顺利出版付出巨大心力的吴亚芬女士，以及CGL所有以访谈、工作坊、调研问卷等方式参与本项目的数百位伙伴们，篇幅所限，此处就不一一列名了。这本书是我们所有人共创的成果。

本书的写作暂告一段落，但庄华和CGL所有伙伴们打造美好组织的故事在继续，我和塞氏中国研究院陪伴众多创始人团队组织进化的故事也在继续。

和所有作者一样，我们希望你在阅读中全心投入且兴致盎然。不过如果止步于此，那么这仍然只是一个阅读。你可能会因某些理念而受到启发，你可能学习到一些知识，你兴许可能得到一些领悟，或者为一些观点所震撼，又或者仍然对自组织抱有很多疑问……对错无关紧要——每个人的想法都有其价值，但是你需要把它们记录下来，看看哪些值得付诸行动。

如果你的认知已经被激发，有了激动人心的想法，下一步必须是勇敢地走向行动，并且持之以恒。自组织之旅，一定会让你的工作和生活变得更加有价值！在此祝你好运！

读者们可以通过微信公众号：CGLConsulting，微信视频号：魏浩征聊组织，联系到我们，共享本书的实践经验和体会。

如果能帮助到你，是我们的荣幸！